# La révolution du don

*Alain Caillé*
*Jean-Édouard Grésy*

# La révolution du don

## Le management repensé à la lumière de l'anthropologie

*Éditions du Seuil*

COLLECTION DIRIGÉE PAR JACQUES GÉNÉREUX

ISBN 978-2-7578-6962-8
(ISBN 978-2-02-116678-1, 1re publication)

# *Avant-propos*

Ce livre est né de la rencontre statistiquement et sociologiquement improbable entre un consultant en entreprise, spécialiste de la négociation, et un universitaire connu comme défenseur de l'« anti-utilitarisme ». Le premier contactait le second il y a maintenant deux ans pour lui dire que, depuis que ce dernier avait ajouté le moment de la demande à ce que Marcel Mauss, l'auteur du fameux *Essai sur le don*, bible de l'anti-utilitarisme, appelait « la triple obligation de donner, recevoir et rendre », il rencontrait un très fort écho dans toutes ses interventions en entreprise à chaque fois qu'il exposait ces idées[1]. Et il proposait à l'universitaire d'unir leurs forces pour écrire un petit livre qui essaierait d'expliquer pourquoi analyser le fonctionnement des organisations à la lumière du demander-donner-recevoir et rendre est si éclairant. Pourquoi donc ne pas tenter d'organiser toutes les hypothèses et les analyses qui découlent de cet angle d'attaque original autour d'une idée aussi simple que celle

1. Cet ajout du moment de la demande était esquissé dans la conclusion de A. Caillé, *Anthropologie du don. Le tiers paradigme*, Paris, Desclée de Brouwer, 2000 (La Découverte/Poche, 2007), où il était également suggéré, p. 262-263, de penser le cycle du donner, recevoir et rendre sur fond de son opposé, le cycle du prendre, refuser et garder. Le livre que le lecteur a sous les yeux présente un développement systématique de ces suggestions.

qui a valu au principe de Peter l'audience mondiale que l'on sait ? Pourquoi ne pas formuler un « principe de Mauss » : « Sans don, il n'est pas d'efficience possible » ?

L'ouvrage que le lecteur a sous les yeux est le résultat de ce pari, voire de cette demande initiale. Il constitue lui-même un pari : parler à la fois au monde des organisations et au monde académique, et même, plus généralement, au grand public. Car avec le don, on aborde immédiatement ce qui nous touche tous au plus profond de nous-mêmes. Avouons-le, le mariage des styles et des intonations n'a pas toujours été facile. Comment allier les exigences savantes de la rigueur théorique, de la précision empirique, à celles de la lisibilité et d'une certaine opérationnalité ? Il ne nous appartient pas de dire si le résultat est à la hauteur de ces exigences. Mais, à tout le moins, aurons-nous appris à nous écouter et aurons-nous été amenés ainsi à progresser dans nos champs respectifs. À la fois, en définitive, au plan théorique et sur celui de l'opérationnalisation des concepts.

Encore faut-il ajouter, pour bien comprendre le statut de cette tentative, que nous avons été guidés tout au long de ce parcours par la conviction qu'il devenait urgent de rompre avec la vulgate dominante du *neomanagement*, ce bras armé du néolibéralisme, qui fait tant de dégâts, à la fois humains et économiques – et notamment en France –, tant dans le secteur privé que dans le secteur public, et même dans le champ des associations et de l'économie sociale et solidaire. Si ce livre peut contribuer à jeter le doute sur la certitude TINA (*There is no alternative*) qui règne dans le domaine du management comme ailleurs, alors il aura rempli son objectif premier.

À la relecture, il nous est apparu que ce que nous essayons d'expliquer de la logique du fonctionnement des organisations vaut aussi, beaucoup plus généralement, pour l'ensemble des relations sociales, et donc pour la compréhension de ce que nous vivons et éprouvons tous dans nos existences au fil des jours. Et c'est bien naturel puisque, au fond, avec ce livre, nous n'avons fait que prendre au sérieux les leçons de l'anthropologie, de la sociologie – et, secondairement, de la psychologie –, pour les appliquer au champ organisationnel. C'est donc par un juste retour des choses que l'éclairage ainsi apporté sur la dimension proprement sociale des organisations, leur face informelle, permet également d'éclairer de manière plus vive ce qui se joue, au jour le jour et à long terme, dans toutes les relations humaines. Si cet ouvrage permet à tout un chacun de mieux comprendre à la fois la richesse mais aussi la complexité et les difficultés de la vie, alors un second objectif, à peine formulé au départ, aura aussi été atteint.

Ah ! Un dernier point encore, en avant-propos. Nous n'aurions jamais songé à présenter notre ouvrage comme « révolutionnaire » si nous n'y avions été encouragés par notre éditeur, Jacques Généreux, nous disant : « Tous les gourous ou les ouvrages de management annoncent régulièrement une révolution. Vous, vous en proposez réellement une, alors assumez-le ! » Nous lui laissons bien volontiers la responsabilité de ce jugement. Peut-être conforté par le fait qu'un livre américain récent, dont nous découvrons l'existence au moment où nous achevons la version finale de notre manuscrit, *Give and Take*, de Adam Grant, est salué comme révolutionnaire par la presse spécialisée. De toute évidence le thème est dans l'air. L'ère du don est-elle venue ? Quoi qu'il en soit, nous ne pouvons que remercier Jacques Généreux du bel accueil qu'il nous a réservé et qui nous a permis de surmonter les derniers doutes que nous pouvions avoir.

A. Caillé et J.-E. Grésy

# *Introduction*

Dans l'univers des organisations, tout le monde connaît le célèbre *principe de Peter* : « Chaque employé tend à s'élever à son plus haut niveau d'incompétence. » Mais, plus important pour la compréhension de ce qui se passe dans les organisations est ce que l'on pourrait appeler le *principe de Mauss*, du nom du fondateur de l'anthropologie française et auteur du fameux *Essai sur le don* (1925). En raccourci, il peut se formuler ainsi : « Sans don, il n'est pas d'efficience possible. » Il rappelle ce que nous dit La Fontaine dans la fable de *La Poule aux œufs d'or* : « On perd tout en voulant tout gagner. » Pourquoi est-ce vrai non seulement dans la vie courante, mais aussi dans celle des organisations ?

La raison en est que les organisations qui fonctionnent bien (entreprises, grandes ou petites, associations, administrations, équipes sportives, etc.) sont celles qui savent respecter la logique et la dynamique des quatre temps du don et contre-don : *demander-donner-recevoir-rendre*, alors que celles qui dysfonctionnent, basculent dans le cycle opposé du *ignorer-prendre-refuser-garder*. Le bon manager, le bon leader, le bon entraîneur, le bon dirigeant, le bon animateur, etc., comme on voudra, sait reconnaître dans le cycle du don et dans ceux qui s'y adonnent la véritable source de l'efficience. Celle qui réengendre jour après jour le cercle suffisamment vertueux de la coopération et du travail pris à cœur. Le mauvais manager[1], en quête d'une efficacité ou d'une rentabilité qu'il espère chaque jour plus grande, finit par tuer la poule aux œufs d'or et enferme tout le monde dans le cercle vicieux du chacun pour soi et du découragement.

Mais ce qui est vrai des organisations l'est tout autant de la vie quotidienne, dans toutes nos relations sociales, en amitié et en famille. Ce livre, d'abord écrit pour les gestionnaires et ceux qui en dépendent, concerne donc en réalité tout le monde. En nous incitant à changer nos manières de penser et notre regard sur ce que nous sommes, il appelle à la révolution du don.

Dans toutes les organisations humaines, les entreprises, les administrations, les associations, les équipes sportives, etc., mais aussi dans notre vie de tous les jours, à tout moment, il faut arbitrer entre deux impératifs qui apparaissent souvent contradictoires : être le plus efficace possible ou respecter pleinement la dignité et la liberté des salariés ou des membres de l'organisation. Par exemple, dans l'organisation scientifique du travail inventée par Taylor à la fin du XIXe siècle et qui a si longtemps été le modèle dominant dans les grandes entreprises du XXe, le marché suivant était proposé aux ouvriers : « Vous gagnerez plus, mais vous obéirez sans discuter. » Autrement dit : « Vous consentirez à perdre toute autonomie et à vous laisser traiter comme des robots. » Dans un autre style et avec d'autres types de travailleurs, aujourd'hui, une partie des politiques de *reporting* systématique et détaillé imposées un peu partout aux salariés ou aux

1. Nous ne parlons pas ici de ceux qui reprennent des entreprises dans le seul but de les revendre au plus vite en en ayant extrait tout ce qui pouvait encore rapporter pour en retirer le profit maximal. Certains pourront les trouver bons. Ce n'est pas notre cas, et ils ne seront pas intéressés par ce livre.

fonctionnaires en vue d'une supposée meilleure efficacité induit une soumission et une perte d'autonomie à certains égards comparable.

L'objectif du présent livre est de convaincre les responsables comme les membres des organisations qu'aucune fatalité ne les condamne à sacrifier l'autonomie de tous, cadres et exécutants, au nom des impératifs de l'efficacité et de la survie de l'entreprise ou du service, mais que, au contraire, une politique organisationnelle de la dignité bien comprise est la condition même de l'efficacité durable. Pour asseoir une telle vision, il importe de bien comprendre les ressorts qui permettent de sortir des cercles vicieux dans lesquels chaque organisation risque à tout moment de s'enfermer, et d'entrer au contraire dans un *cercle vertueux organisationnel*. Dans un *cercle vertueux organisationnel*, le respect de la dignité, de l'autonomie et de la créativité des salariés contribue à l'efficacité de l'organisation et, réciproquement, l'efficacité de celle-ci, sa capacité à dégager des ressources techniques ou matérielles suffisantes, permet de mieux assurer la reconnaissance du travail effectué et sa rémunération matérielle et symbolique. Dans un *cercle vicieux organisationnel*, à l'inverse, la recherche de l'efficacité à tout prix, qui entend faire de chacun, et jusqu'aux dirigeants eux-mêmes, de simples exécutants, plus ou moins automatisés, conduit à la démotivation générale – même et surtout si chacun est tenu de faire la preuve à tout moment qu'il s'active, qu'il adhère, qu'il participe, etc. – et donc à la chute de l'efficacité, c'est-à-dire le contraire de ce qu'on croit rechercher. Dans l'organisation prisonnière de ces cercles vicieux, dans l'organisation que l'on pourrait qualifier de vicieuse par opposition à l'organisation vertueuse, les stratégies absurdes prolifèrent.

Comment éviter de se retrouver prisonnier de ces cercles vicieux ? Curieusement, personne ne le sait clairement, et ce seul constat ne laisse pas d'intriguer. Les écoles de commerce ou de gestion, les cabinets d'audit ou de conseil, en effet, sont toujours plus nombreux. Chaque jour paraît un nouvel ouvrage prodiguant recettes et conseils aux chefs d'entreprise ou aux directeurs de relations humaines. Tous les quatre ou cinq ans, une nouvelle révolution managériale est annoncée, californienne, saturnienne, toyotienne, en quête de l'excellence, de culture ou de projet d'entreprise, de direction participative, d'apprentissage permanent, ou bien de *reporting* et de *benchmarking*, etc. Toutes ces écoles où ces préceptes se succèdent au gré des modes, en partie parce que le monde et ses contraintes évoluent, mais en partie aussi parce que les recettes proposées ne marchant qu'un temps, quand elles marchent, il faut sans cesse en rechercher de nouvelles[1]. Et moins elles marchent, d'ailleurs, et plus ceux qui les ont proposées se retrouvent sollicités pour trouver des remèdes en « faisant toujours plus de la même chose », comme disait le psychologue de l'école de Palo Alto, Paul Watzlawick dans son célèbre ouvrage, au titre si parlant, *Faites vous-même votre malheur.* C'est sans

1. On sait par exemple que le livre à succès de Th. Peters et R. Waterman, *Le Prix de l'excellence* (6 millions d'exemplaires vendus entre 1982 et 2000), se targuait, dans les années 1980-1990, d'avoir découvert que l'unique facteur de la réussite est la motivation des salariés et leur degré d'adhésion aux valeurs et à la culture de l'entreprise. Or, dans les dix-huit mois ayant suivi sa sortie, nombre des 43 entreprises qu'ils avaient identifiées comme les plus performantes ont connu de gros problèmes. Plus récemment, et de manière plus spectaculaire encore, on apprenait en septembre 2012 qu'un des principaux cabinets de consultants américains, Monitor Group, fondé notamment par un professeur de la Harvard Business School, Michael Porter, inventeur du « schéma des cinq forces » et considéré mondialement comme « le gourou des gourous » en management, venait de mettre la clé sous la porte. Voir M. Mousli, « Management : quand les gourous se gourent », *Alternatives économiques,* n° 327, septembre 2013, p. 74-75.

doute pour cela que celui qui est considéré mo comme le pape du management, Henry Mintzberg[1], est aussi le plus critique de ce qui s'enseigne en la matière dans les écoles de commerce et de gestion.

Il reste donc à repérer le dénominateur commun à tous les systèmes d'organisation de l'action collective préconisés par les spécialistes, à identifier ce qui, dans chacun, contribue à l'émergence d'une organisation vertueuse, dans laquelle la dignité alimente l'efficacité, et réciproquement, et à se demander pourquoi les recettes proposées par toutes les révolutions managériales passées n'ont à chaque fois marché qu'un temps.

## 1. Un peu d'histoire

Voilà près d'un siècle maintenant qu'on a identifié le ressort fondamental de l'efficacité au travail. C'est en 1927, en effet, que le psychologue et sociologue australien Elton Mayo, appelé par la compagnie américaine Western Electric pour remédier à la perte d'efficacité de l'organisation taylorienne à laquelle étaient soumis ses salariés, s'est lancé avec ses collaborateurs dans une série d'expériences passionnantes dont ils allaient tenter de tirer les leçons sous l'égide de l'École dite des relations industrielles. Il n'est pas sûr qu'on ait encore bien compris ce qu'ils avaient découvert et qui est pourtant essentiel et captivant. Dans un premier temps, pour remédier à la baisse de la productivité des ouvriers, Mayo et ses assistants avaient commencé, classiquement, à faire varier tous les paramètres physiques de l'organisation du travail, éclairage,

1. Voir, par exemple, H. Mintzberg, « Misère du management », *La Revue du MAUSS semestrielle*, n° 33, 1$^{er}$ semestre 2009, La Découverte, p. 185-190.

température, etc. Rien n'y faisant, ils amorcèrent alors, avec un petit groupe d'ouvrières acceptant d'être soumises à une observation rigoureuse, sympathique et attentive, une première série de tests. Augmentant les rémunérations, les temps de repos et accordant toute une série d'avantages divers, ils obtinrent une augmentation spectaculaire de la productivité. Mais le plus spectaculaire est le résultat d'une deuxième série d'expérimentations menées dans la fameuse *Test Room*. Un à un, tous les avantages qui avaient été octroyés aux ouvrières furent supprimés. Or, malgré cela, la motivation au travail et la productivité continuèrent d'augmenter. Que s'était-il passé ?

C'est à cette question qu'allaient commencer à répondre les deux principaux assistants et disciples de Mayo, F. G. Roethlisberger et W. J. Dickson, dans leur ouvrage *Management and the Worker* (1939) qui jetait les bases de l'École dite des relations industrielles. Deux de leurs conclusions restent absolument essentielles et indépassées. La première est que le seul fait de s'intéresser avec bienveillance et respect aux travailleurs ou aux exécutants suffit, toutes choses égales par ailleurs, à accroître leur motivation et leur productivité. Traduisons : les traiter avec dignité et respecter la leur est la condition première de l'efficacité. La seconde conclusion est que les entreprises et les organisations fonctionnent en réalité sur un double registre, celui de l'organisation formelle et celui de l'organisation informelle. L'*organisation formelle*, c'est la répartition des tâches à effectuer, des autorités et des compétences, telle qu'elle est vue depuis la direction et mise en forme dans l'organigramme de l'organisation. Elle définit ce que chacun est censé pouvoir et devoir faire. L'*organisation informelle*, c'est ce que la direction ne voit pas et ne peut guère voir : l'ensemble des relations de personne à personne, non pas fonctionnelles mais proprement humaines, qui lient entre eux les salariés ou les membres de l'organisation et dont émergent des leaders informels, bien différents de ceux institués par la direction, et qui peuvent jouer selon les cas avec ou contre elle[1].

## 2. La face cachée de l'organisation

On pourrait dire que toutes les « révolutions » managériales qui se sont succédées depuis ces découvertes sont autant de variations sur ce même thème : comment faire coïncider au mieux la structure formelle et la structure informelle des organisations ? Ou encore, comment susciter la motivation des membres de l'organisation de manière à les amener à se dévouer à ses objectifs ? Allons plus loin. Si, en définitive, les ressorts profonds de l'efficacité organisationnelle restent si mal compris, c'est parce que les spécialistes de la gestion n'ont généralement guère d'idées précises sur la nature et la texture de l'organisation informelle, qu'ils préfèrent ignorer ou qu'ils n'apprécient qu'en termes psychologiques individuels, alors qu'il s'agit là d'une réalité collective et sociologique première. Or, on pourra bâtir les modèles les plus sophistiqués qu'on voudra, recourir aux plus belles formalisations mathématiques concevables sur la répartition des tâches et sur l'évaluation de leur accomplissement, tout restera largement lettre morte aussi longtemps qu'on n'aura pas saisi ce qui se joue en dessous de la ligne de visibilité managériale, du côté de l'informel, c'est-à-dire du côté des relations sociales qui se nouent dans l'organisation et qui lui donnent vie et pulsation.

1. Cette expérience est longuement détaillée et analysée *in* G. Friedmann, *Problèmes humains du machinisme industriel,* Paris, Gallimard, 1946, et *in* J. A. C. Brown, *The Social Psychology of Industry. Human Relations in the Factory*, Londres, Penguin Books, 1964 (1954).

Ces relations sociales comportent des dimensions psychologiques, bien sûr. À compétence et à fonctions égales, chacun n'y entre pas et ne s'y comporte pas de la même manière selon son profil singulier : plus ou moins obsessionnel et méticuleux pour l'un, un peu distrait mais inventif pour l'autre, paranoïde, autoritaire, bienveillant ou laxiste pour tel ou tel cadre, etc. Mais avant même de s'interroger sur ces différences individuelles et sur leurs effets, il faut tenter de comprendre la logique générale de ce que Mayo, Roethlisberger et Dickson appelaient l'organisation informelle, autrement dit le système proprement social de l'organisation[1]. Sur ce point, une percée décisive a été accomplie par le sociologue des organisations Norbert Alter, dans son livre *Donner et prendre. La coopération en entreprise*[2]. Dans cet ouvrage, il montre comment le succès ou l'échec d'une entreprise dépend des dons que se font, ou se refusent, les salariés entre eux – dons de savoir-faire, d'informations techniques utiles, dons de soutien affectif, etc. – et de leur capacité à adhérer et à se donner à leur travail et aux objectifs de leur entreprise[3]. Ce qu'on pourrait appeler leur

1. L'École de relations industrielles a, bien sûr, suscité de nombreuses critiques et, bien évidemment, il est impossible d'en tirer des recettes qui marcheraient à tous les coups. Si tel était le cas, ça se saurait. L'important est de se donner les moyens de comprendre pourquoi le même type de direction tantôt marche et tantôt ne marche pas. Ou encore, pourquoi ce qui a bien fonctionné un temps ne fonctionne plus. Il convient donc d'opérer un saut en généralité au-delà de ce qu'avaient déjà pu dégager Mayo, Roethblisberger et Dickson et, pour cela, de dépasser l'approche psycho-sociologique pour dégager une logique plus profonde, anthropologique et sociologique. C'est précisément ce que nous proposons de tenter dans cet ouvrage.

2. N. Alter, *Donner et prendre. La coopération en entreprise*, Paris, La Découverte/MAUSS, 2009 ; Poche/La Découverte, 2011.

3. Et, symétriquement, comment le succès d'une entreprise dépend de sa capacité à reconnaître ces dons comme tels, alors que dans leur

*adonnement*. Généralisons : la logique générale du système proprement social des organisations est celle du don/contre-don. Comment la penser ?

## 3. Mauss, le père fondateur

Curieusement, pour bien comprendre le fonctionnement de cette face cachée de toutes les organisations, leur face informelle régie par le don/contre-don, même dans les entreprises les plus modernes, et d'ailleurs notamment dans celles-ci, il est nécessaire de faire un petit tour, ou un détour, du côté des sociétés archaïques et traditionnelles. Nous l'effectuerons ici en compagnie de Marcel Mauss, neveu et héritier scientifique d'Émile Durkheim, fondateur de l'École sociologique française, et lui-même cofondateur de l'ethnologie scientifique française. Mauss publie en 1925 un texte, *Essai sur le don*, mondialement célèbre, et qui est sans doute le plus important de toute l'histoire des sciences sociales. Il y déduit tout un ensemble de « conclusions de morale et de sociologie » décisives, à partir d'un extraordinaire et très ample matériau empirique ethnographique. Ce qu'il découvre, c'est que dans les sociétés archaïques, dans ce qu'on pourrait appeler *la société première*, les rapports sociaux ne reposent pas sur le contrat, le marché, le troc ou le donnant-donnant, mais sur le don/contre-don. Ou, plus précisément, sur ce qu'il appelle *la triple obligation de donner, recevoir et rendre*. C'est en acceptant de donner et de se donner les uns aux autres, et donc d'entrer dans le cycle du donner, recevoir et rendre, que les humains façonnent leurs sociétés, en attestant par les dons qu'ils se font qu'ils se reconnaissent mutuellement et s'accordent leur

grande majorité elles préfèrent les penser comme des prestations techniques ou comme des échanges marchands : service contre salaire.

confiance et qu'ils sont désireux de passer de l'hostilité à l'alliance, de la défiance à la confiance, et du mépris à la reconnaissance ; reconnaissance qui n'est autre que celle de leur commune dignité ou humanité.

Dans le champ des sciences sociales et de la philosophie morale et politique, Mauss est universellement reconnu comme un auteur de premier plan, même s'il n'est pas placé au rang des tout premiers comme un Émile Durkheim, son oncle, ou un Max Weber en sociologie, ou, en économie, un Keynes ou un Schumpeter. Alors qu'il a été le continuateur de l'œuvre sociologique de Durkheim, ses découvertes sont à la fois saluées mais tout autant négligées par les sociologues contemporains qui ne savent pas trop quoi en faire. Quelles leçons les sauvages pourraient-ils bien nous donner qui éclaireraient la société d'aujourd'hui, semblent-ils se demander ? La question est légitime. Il existe pourtant au moins une école de pensée généraliste en sciences sociales qui se fonde sur la certitude que ce qu'a découvert Mauss dans les sociétés premières reste *mutatis mutandis* crucial pour la compréhension de notre propre monde. Cette école, en hommage à Marcel Mauss, se présente sous le nom de MAUSS, Mouvement anti-utilitariste en sciences sociales. Organisée autour d'une revue interdisciplinaire et internationale qui a publié, en trente ans, près de deux mille articles concernant aussi bien l'anthropologie que la sociologie, l'histoire que la science économique ou la philosophie politique[1], elle s'assigne pour mission de tirer toutes les implications des découvertes de Mauss en les explicitant, en les systématisant et en les actualisant. Après tout, pour comprendre comment fonctionnent les sociétés

1. Et dans sa collection, « La Bibliothèque du MAUSS », une cinquantaine de livres qui font référence, dont, par exemple, le livre de N. Alter précédemment cité.

humaines, il n'est peut-être pas illogique de commencer par le commencement, c'est-à-dire de se demander comment elles fonctionnaient « à l'origine », même si cette origine reste à proprement parler introuvable.

## 4. Trois étapes

Le but du présent livre est de dégager et d'exposer au lecteur les lois de l'efficacité organisationnelle respectueuse de la dignité des salariés, en montrant comment elles s'étayent sur un substrat anthropologique qu'il importe de rendre visible si l'on veut comprendre ce qui se joue en deçà de la division formelle du travail. Les lecteurs du livre de Norbert Alter, *Donner et prendre. La coopération en entreprise*, qui lui aussi inscrivait ses analyses dans le cadre ouvert par Mauss et développé par le MAUSS, ont déjà pu mesurer toute la fécondité de sa démarche. Elle faisait en effet apparaître ce qu'on ne voit généralement pas dans les organisations. On se propose ici de poursuivre le travail d'éclaireur de N. Alter en le réinscrivant plus explicitement et de manière plus systématique dans le cadre d'une sociologie générale inspirée par Mauss – et fondée sur ce qu'on appelle désormais en sociologie ou en économie *le paradigme du don* –, et d'en tirer certaines leçons pratiques.

Dans une première partie, nous exposerons, dans leurs grandes lignes, l'essentiel des découvertes anthropologiques de Mauss sur le don, en nous demandant quelles leçons générales il est permis d'en tirer.

Dans une deuxième partie, nous procéderons à l'application du principe de Mauss à l'étude concrète des relations interpersonnelles telles qu'elles se structurent dans le monde des organisations, à travers les multiples cycles de dons et contre-dons entrecroisés, selon les rythmes et les logiques du demander, donner, recevoir et rendre. Nous soulignerons certaines des erreurs à éviter et des règles à observer pour prévenir leur délitement et leur rupture.

Dans une troisième partie, enfin, nous pourrons rassembler ces enseignements et tenter une analyse de l'organisation vertueuse, celle qui sait atteindre l'efficience sans renoncer à la dignité de ses membres. Et ce, précisément, parce qu'elle ne renonce pas à leur dignité.

PREMIÈRE PARTIE

# Les ressorts et les leçons du don archaïque

Comme le lecteur l'aura compris, nous nous proposons de faire apparaître les ressorts cachés des organisations humaines en nous appuyant sur la découverte par Marcel Mauss du rôle central du don dans la structuration des sociétés archaïques. Cet « instant fugitif où la société prend », comme il l'écrira, ce moment du don fait, accepté et rendu, constitue en quelque sorte le « code source » de toute organisation humaine. Avant d'entrer dans le détail de ses découvertes, nous commencerons par illustrer la fécondité de cette démarche, dont nous n'ignorons pas qu'elle puisse paraître surprenante, en l'appliquant à l'exemple du football. Nous pourrons ensuite resituer la place singulière que Marcel Mauss occupe dans l'histoire des sciences sociales et commencer à dégager certaines des leçons qu'il est possible de retirer de son œuvre.

Chapitre 1

# La potion magique du don dans l'engagement collectif

## La métaphore du football

Il est étonnant de constater à quel point une partie de football – mais cela pourrait valoir également, bien entendu, pour tous les sports collectifs – s'analyse bien à partir des deux cycles entrecroisés du demander-donner-recevoir-rendre dégagés par Marcel Mauss, ou, au contraire, du prendre-ignorer-refuser-garder.

Chaque année, ou presque, une équipe de quatrième ou cinquième division arrive en demi-finale, voire en finale, de la coupe de France de football qui aura vu s'affronter 6 000 clubs. C'est donc qu'elle a battu successivement plusieurs équipes, en principe trois ou quatre fois plus fortes qu'elle. Des équipes dont chaque joueur est plus rapide, plus endurant, meilleur technicien, et par ailleurs, dix, cent ou mille fois mieux payé que chacun de ses propres joueurs. Des équipes « coachées » par un entraîneur renommé, et dont la rémunération, elle aussi, est sans commune mesure avec celle de l'entraîneur de ces finalistes ou demi-finalistes improbables. Sans compter la qualité des équipements sportifs et l'armada de médecins et de préparateurs physiques et psychiques dont bénéficient les clubs de ligue 1.

Ces affrontements rituels entre les David et les Goliath du sport, que l'on retrouve dans toutes les disciplines, dans tous les pays, suscitent à chaque fois passion et émotion. On pourrait même dire qu'un match n'a véritablement d'intérêt que lorsque le moins fort a une chance de battre le plus fort, l'amateur le professionnel. À moins, évidemment, qu'on ne soit *supporter* du plus fort, ou qu'on ne prenne un plaisir, mi-sadique, mi-esthétique, à voir le meilleur infliger une correction au moins bon en donnant à admirer la perfection de son style, de sa technique et de son organisation.

Pour expliquer que les plus faibles puissent, parfois, ainsi l'emporter sur les plus forts, il faut, comme toujours en matière d'action collective, en revenir à la distinction opérée, nous l'avons vu, dans les années 1930 par les psycho-sociologues Elton Mayo, Roethlisberger et Dickson, entre organisation formelle et organisation informelle du travail. Autrement dit, revenir à la distinction des rapports entre des fonctions, d'une part, et des rapports entre des personnes, d'autre part. En n'oubliant pas, évidemment, que les fonctions sont toujours accomplies par des personnes, et que les personnes qui sont réunies dans une organisation – qu'il s'agisse, d'une entreprise, d'une association, d'un parti, d'une Église ou d'une équipe de sport – le sont en vue d'accomplir certaines fonctions.

Mais, restons-en pour l'instant au football. On voit aisément ce à quoi a trait l'organisation formelle. Elle concerne l'achat et le salaire des joueurs, la détermination d'une rémunération proportionnelle à leur qualité et à leur efficacité estimées, elles-mêmes supposées proportionnelles à leur attractivité pour les spectateurs, les téléspectateurs et les sponsors. Elle renvoie, encore, à leur entraînement technique et physique, au travail de musculation, d'assouplissement et de récupération, comme à leur hygiène de vie ou à leur diététique (on ne parlera pas ici de l'usage de tel ou tel produit dopant…). Elle concerne, encore, l'assignation de chaque joueur à un poste plutôt qu'à un autre : attaquant, milieu offensif ou défensif, défenseur droit ou gauche, libéro, etc. Entrent aussi en jeu la détermination du schéma tactique ou stratégique – 4-4-2, 5-4-1, 4-5-1, 4-3-3, etc. – comme la capacité du coach à faire respecter ses consignes et à choisir au mieux les joueurs à faire entrer ou sortir en fonction de leur forme du moment et de leur complémentarité avec leurs partenaires. En bref, comme dans une entreprise, l'organisation formelle tourne autour de la division officielle et visible du travail et des fonctions. Elle comporte une dimension quasi mathématique, plus ou moins formalisable, et concerne tout ce qui dépend de l'organigramme, autrement dit de ce qui, sur le papier, *devrait* se faire.

Mais ce qui se fait effectivement non plus sur le papier, mais sur le terrain, maintenant, ce jour-ci ou cette saison-là, peut être très différent de ce qui était prévu en théorie, parce que le match ne se joue pas seulement avec des agents fonctionnels plus ou moins automatisés ou robotisés, qui ne seraient mus que par l'appât de la prime de match, mais par des joueurs en chair et en os, en passions et en affects, qui sont liés les uns aux autres, ou séparés, par leurs amitiés ou leurs inimitiés, pérennes ou passagères, leur camaraderie ou leur indifférence. Et qui prennent plus ou moins de plaisir à jouer. Ce qui se fait jour, dès lors, c'est l'organisation, informelle de l'équipe, la dialectique du don et du contre-don, les cycles entrecroisés du demander-donner-recevoir et rendre, ou, au contraire, du ignorer-prendre-refuser et garder. Il est étonnant, en effet, de constater à quel point les lois du don et du contre-don dégagées par Mauss dans son étude des échanges archaïques se laissent aisément transposer, et de manière éclairante, au cas du football.

## 1. Du football comme exemple de la logique du don/contre-don

Un bon joueur, à l'avant, est celui qui fait des appels. Sans cesse en mouvement, il *demande* la balle. Encore faut-il que les autres la lui *donnent,* au lieu d'*ignorer* le partenaire démarqué qui a couru comme un fou pour se mettre en état de la recevoir. Après des dizaines de courses inutiles, d'appels faits en vain, il est probable que, lorsque celui-ci aura enfin le ballon, il ne sache pas le *recevoir*, et ne le donne plus ou ne le *rende* pas. À son tour il sera tenté de « jouer perso ». Et ce d'autant plus que, comme l'équipe joue mal, qu'elle est en train de perdre et que rien ne semble pouvoir permettre d'éviter la défaite, il n'y a somme toute que deux solutions, à moins de continuer à faire la même chose, qui, justement, ne marche pas.

La première est d'ignorer largement ses partenaires et d'assurer le service minimal en restant à la place assignée par l'organigramme et le coach, sans rien faire en plus et sans prendre aucune initiative. Les avants, alors, ne reviennent plus défendre, ou mollement et sans conviction, les défenseurs ne font plus de montée offensive et se contentent de surveiller l'attaquant adverse dont on leur a confié la garde, sans se soucier de la percée d'un autre avant qui aurait dû être bloqué par un partenaire défaillant sur ce coup-là. Placé comme on est, on pourrait l'arrêter, mais le cœur n'y est plus. Il manque le dixième de seconde qui aurait permis d'éviter le but. L'attaquant, de même, résigné, hors du coup, ne saura pas recevoir la longue transversale adressée par le milieu de terrain, et, ratant son contrôle, laissera filer la balle en touche, faisant perdre à son équipe tout le bénéfice de l'action et de la possession de balle. L'autre solution est de jouer au héros solitaire et de tenter de sauver l'équipe tout seul, en étant partout, à l'avant, à l'arrière, au milieu, au risque de *prendre* le ballon non pas tant à l'adversaire qu'à ses partenaires, en le *gardant* au lieu de le donner ou de le rendre. Et de s'épuiser en vain, à tel point qu'on ne sera plus disponible au moment opportun s'il venait à se présenter. On croit bien faire mais, au bout du compte, on accroît encore la désorganisation et la démotivation de l'équipe, qui place désormais tous ses espoirs ou ses désespoirs, son admiration ou son ressentiment, dans les chevauchées ou les dribbles du héros solitaire. *Poor lonesome cow-boy*. De toute façon, l'équipe est entrée dans le cercle vicieux de la désorganisation diabolique[1]. Il n'y a plus rien à faire.

En face, l'équipe amateur joue le match de sa vie. En temps usuel, chaque joueur court un peu moins vite, moins longtemps et moins souvent que les joueurs professionnels, et ne réussit qu'un dribble décisif sur trois au lieu des un sur deux ou deux sur trois des pros. Ces quelques dixièmes de seconde de réaction de retard, ces deux ou trois kilomètres parcourus en moins font que, neuf fois sur dix, voire quatre-vingt-dix-neuf fois sur cent, l'équipe amateur perdra. Elle est bien, en effet, trois ou quatre fois moins forte, pour autant que ce chiffrage ait un sens. Moins *efficace*. Mais, ce soir-là, tous ses membres sont au diapason, courent ensemble comme ils n'ont jamais couru, se regardent les uns les autres et savent exactement où chacun est ou se prépare à aller. Ils multiplient les appels, se donnent le ballon juste à la seconde où il faut le faire, le *prennent* à l'adversaire et non à leur partenaire, ils assurent tous leurs contrôles pour rendre

1. *Diabolique*, originellement et étymologiquement, désigne ce qui sépare, ce qui fait division. *Symbolique*, ce qui rassemble et crée du lien.

le ballon au partenaire démarqué. Et ils gagnent. Moins *efficaces*, peut-être, individuellement, ils l'ont emporté par leur *efficience collective*, par leur capacité à mobiliser les ressources invisibles, les ressources du don, du don de soi aux autres et à l'équipe, celles qui engendrent le cercle vertueux de l'organisation coopérative. Symbolique. En symbiose. Tout est devenu possible.

## 2. Les déterminants de l'organisation informelle : reconnaissance et adonnement

Une fois ce constat opéré, il reste à se demander ce qui permet d'entrer dans un cercle organisationnel vertueux ou vicieux. Symbolique ou diabolique. Et d'en sortir. Le spectateur voit bien comment le ballon est donné, reçu, gardé, pris ou rendu. Mais il ne sait généralement pas pourquoi. Et l'entraîneur lui-même n'en sait pas toujours grand-chose. C'est que, comme l'écrivait Mauss, en donnant on se donne soi-même. Ou, à l'inverse : on préserve son quant-à-soi en refusant de donner ou de recevoir. Au-delà des gestes standardisés, mille fois répétés à l'entraînement, et des consignes formulées par l'entraîneur, la circulation du ballon dépend aussi étroitement de la circulation des affects entre les partenaires, de tout ce qui circule entre eux. Elle est une manière de signifier l'estime et l'amitié réciproques, de marquer la reconnaissance accordée aux autres, au double, voire au triple sens du terme « reconnaissance ». Le premier sens, c'est l'identification plus ou moins exacte, technique et fonctionnelle, du partenaire et de ses aptitudes. Tout ce qu'on identifie en lui. Le deuxième, c'est la valeur, humaine ou technique qu'on lui attribue. Le troisième, c'est la gratitude qu'on éprouve envers lui, le sentiment qu'on lui est redevable de, ou en quelque chose et que, donc, il faudra lui donner en retour pour traduire cette gratitude.

C'est toute cette gradation des émotions et des affects qui se joue aussi dans les matches des sports d'équipe. Entrent alors en jeu mille autres choses que les seules qualités techniques des uns et des autres, notamment tout ce qui s'est produit en amont du match et tout ce qui s'anticipe pour la suite, en aval. Et, plus généralement, au climat qui règne dans les vestiaires. Tel joueur, qui était une vedette dans son club d'origine et qui marquait plus souvent qu'à son tour, peut ne jamais trouver sa place dans son nouveau club et rater tous ses tirs ou toutes ses passes durant toute la saison. Soit parce qu'on ne le fait pas jouer à la place ou dans le poste qui lui convient, soit parce que, trop arrogant, il est en butte à l'hostilité sourde de tous. À moins, au contraire, que, trop gentil et policé, trop bien élevé, il ne sache pas s'imposer, tchatcher, chambrer et rigoler avec les autres. Trop bon, il prétend se passer de l'avis de son entraîneur qui, par représailles, ne le fait guère entrer, afin de bien signifier qui est le patron. Ou bien, à l'inverse, ayant perdu la confiance en soi, ne faisant plus rien de pertinent, il reste pourtant le protégé du coach qui le fait jouer contre l'avis de tous. Par affection protectrice ou… pour que sa cote ne baisse pas trop lors du prochain *mercato* où l'on essaiera de s'en débarrasser, si possible à bon prix. Tel autre, encore, en pourparlers avec un club plus prestigieux et autrement fortuné, est déjà sur le départ. Il a la tête ailleurs. Et les jambes à l'avenant. Sans compter l'hostilité du noyau dur des anciens face aux nouveaux venus. Et les complicités d'origine, de langue, de culture ou de religion. Et toutes les variantes et combinaisons possibles entre tous ces facteurs. Et bien d'autres.

L'entraîneur, le manager, doit jouer et compter avec tous ces facteurs, souvent impalpables. Encore faut-il qu'il le puisse et qu'il ait l'autorité technique et humaine suffisante pour le faire. Car lui aussi, bien sûr, fait l'objet de relations complexes d'amitié et de respect, ou d'hostilité et de mépris. C'est lui qui est officiellement chargé de distribuer les marques de reconnaissance aux divers joueurs, mais il ne peut le faire que s'il est suffisamment reconnu par ceux qu'il a la charge de reconnaître. Et également par le président ou le directeur du club, auprès desquels les joueurs qui s'estiment insuffisamment reconnus peuvent aller chercher de l'appui, plus ou moins discrètement, contre leur entraîneur.

Ainsi se détermine le climat général d'une équipe, son moral. C'est l'immersion dans cet écheveau de relations à la fois et indissociablement sociales et individuelles, amicales et professionnelles, techniques et ludiques, qui détermine le degré auquel les joueurs se dédieront et s'identifieront à leur équipe, la fierté qu'ils ressentiront à en être partie intégrante. Sans cette identification au collectif, qui passe par tous les dons et contre-dons entre les joueurs, et entre ceux-ci et les dirigeants du club, aucun ne peut véritablement *s'adonner* à sa passion du jeu. Il n'y a plus ni esprit d'équipe, ni amour du club, ni plaisir de jouer. Ni résultats. Chacun se replie sur son quant-à-soi et sur le seul souci de sa feuille de paie. Présente ou anticipée. Les amateurs de foot français auront ainsi pu assister au meilleur d'une équipe soudée et victorieuse au mondial de 1998 comme à la déroute sportive et morale d'une équipe divisée au mondial de 2010 et son célèbre épisode de la mutinerie dans le bus qui la conduisait à l'entraînement. Ils auront pu, en revanche, se consoler, s'ils aiment l'athlétisme, juste après ce mondial de foot, en voyant l'extraordinaire amour du drapeau et la solidarité et l'amitié entre les spécialistes de toutes disciplines dont ont fait preuve les athlètes français. La personnalité du directeur de l'athlétisme en France n'y est apparemment pas pour rien.

Ce que nous disons là à propos du foot ou de l'athlétisme vaut, *mutadis mutandis*, pour le fonctionnement de toutes les organisations. Ce qui varie, ce sont les qualités techniques, physiques ou intellectuelles, les compétences fonctionnelles propres à chaque type d'activité déterminé. Mais la logique générale de l'organisation informelle, de cette strate dense et invisible des relations humaines et interpersonnelles dont dépend en dernière instance l'efficacité finale, cette logique-là est la même dans toutes les sphères d'activité organisée. C'est une logique de l'alliance ou, à l'inverse, du conflit. Elle s'alimente à l'amitié ou à l'inimitié, à la valeur que les amis ou les ennemis se reconnaissent mutuellement. Les dons qu'ils se font et se rendent, ou qu'ils s'extorquent ou se refusent, sont à la mesure de l'amitié ou de l'inimitié qu'ils se portent et de la reconnaissance qu'ils s'accordent. L'exemple du football, si spectaculaire, permet de rendre aisément visible ce qui se joue en réalité partout. Ne serait-ce que parce que le jeu, en général, est un modèle réduit des relations humaines[1].

Il nous faut maintenant retracer comment un anthropologue, Marcel Mauss, en faisant un détour par les sociétés archaïques, a découvert l'essentiel de ce qui se joue dans

1. Sur la dimension anthropologique du jeu, les deux grands livres, encore indépassés, sont *Homo ludens* de l'historien hollandais J. Huizinga (Paris, Gallimard, 1951 [1938]), et, s'en inspirant, *Les Jeux et les hommes* de R. Caillois (Paris, Gallimard, 1957). Ces deux ouvrages s'inscrivent explicitement dans le sillage de l'*Essai sur le don* de Marcel Mauss. Tout récemment, l'ethnologue R. Hamayon, spécialiste mondialement reconnue du chamanisme mongol et sibérien, a proposé de puissantes généralisations anthropologiques sur ce thème dans son *Jouer*, Paris, La Découverte/MAUSS, 2012. L'un de nous deux a esquissé une synthèse de ces résultats et de ceux de Huizinga et Caillois dans « Jouer/donner », *La Revue du MAUSS semestrielle*, n° 41, 2013, 1er semestre.

ce registre. Et comment il est possible d'en déduire tout un ensemble de leçons qui permettent de comprendre ce qui se noue dans toutes les organisations. En se gardant bien de tirer des leçons trop hâtives de ce qui précède. L'excès d'amitié, un trop bon « moral » peuvent être tout aussi nuisibles aux résultats que l'exacerbation des rivalités. C'est qu'à tout moment chacun des deux cycles du donner-recevoir-rendre ou du prendre-refuser-garder peut s'inverser en son contraire. Et couper court à tout adonnement. Pour un oui, pour un non[1]. Comme dans la vie ordinaire.

1. *Pour un oui ou pour un non.* C'est le titre de la célèbre pièce de N. Sarraute qui montre deux vieux amis se déchirer parce que l'un d'eux a été vexé par l'intonation qu'avait eue l'autre en disant « c'est bien, ça ! », pour commenter un succès personnel du premier. Tout est affaire d'intonation.

Chapitre 2

# À la recherche du don perdu

Alors qu'il existe des milliers d'ouvrages spécialisés dans la gestion des entreprises, et autant de traités de psychologie, de psychosociologie ou de sociologie des organisations, il peut sembler étrange d'attacher autant d'importance à un seul auteur, qui semble par ailleurs traiter de tout autre chose et qui n'est jamais mobilisé par les spécialistes de la question. Sans compter que s'il est bien connu, dans le champ des sciences sociales en général, il ne figure pas dans le peloton de tête des plus connus. Mal lu, mal situé dans ce champ, il représente plutôt, comme l'écrit un de ses commentateurs et biographes, Camille Tarot, un « inconnu célébrissime[1] ». Tentons donc de préciser la place qui doit lui revenir.

## 1. Naissance de la sociologie française

Si l'on met à part ce qu'on appelle l'École de Chicago qui a initié les enquêtes de terrain, et pour en rester au plan proprement théorique, il est permis de dire qu'il existe dans la sociologie classique, c'est-à-dire dans la science sociale générale, deux grands courants de pensée,

1. C. Tarot, *Sociologie et anthropologie de Marcel Mauss*, Paris, La Découverte/Repères, 2003.

deux grandes traditions, l'allemande – avec notamment Max Weber ou Georg Simmel – et la française. En France, la sociologie se constitue comme une discipline à vocation proprement scientifique au tournant du XIX^e et du XX^e siècle, à la suite des travaux d'Émile Durkheim et grâce à sa constance. Aujourd'hui encore, tout apprenti sociologue doit impérativement avoir lu ses *Règles de la méthode sociologique*. De la si riche histoire de l'École sociologique française en sa période durkheimienne, ne retenons ici qu'une question, qu'il sera aisé de transposer ensuite à la question du management : contre quoi se constitue-t-elle ?

### *Contre le darwinisme sociologique de Spencer*

Aux alentours des années 1880, le grand auteur qui représentait la sociologie dans le monde entier, celui qu'on se devait d'avoir lu, était le philosophe anglais Herbert Spencer. Sa doctrine représentait un mixte de trois visions de la société humaine : l'évolutionnisme, l'utilitarisme et ce qu'on appellerait aujourd'hui le libertarisme ou le néolibéralisme. Pour lui, les sociétés, en évoluant et en se différenciant selon les lois de la division du travail, passent d'une organisation simple à une organisation de plus en plus complexe qui ne laisse subsister que les formes sociales et les individus les plus adaptés (*the fittest*). Cette différenciation et cette complexification croissantes satisfont au critère de justice de la doctrine utilitariste codifiée par son inventeur, Jeremy Bentham, selon lequel est juste, bon et désirable ce qui permet d'engendrer « le plus grand bonheur pour le plus grand nombre ». Pour obtenir ce résultat, il suffirait de laisser fonctionner librement le marché et de se passer le plus possible de l'État. L'anthropologie qui préside à cette vision triple de la société humaine, évolutionniste, utilitariste et libertarienne, la représentation du sujet humain qui l'anime, peut se résumer facilement : elle ne veut voir en l'homme que l'*Homo œconomicus*, l'individu indifférent aux autres et qui ne cherche qu'à maximiser son avantage propre, son intérêt personnel, son propre bonheur, et uniquement celui-là. Entre des individus de ce type, le seul lien social concevable est celui qui repose sur le contrat.

C'est en premier lieu contre le darwinisme sociologique représenté par Herbert Spencer et, au-delà, contre les prétentions de l'économie politique au monopole de la science sociale et contre sa vision de l'homme comme *Homo œconomicus* que Durkheim va jeter les bases de sa sociologie. Dans son premier grand livre, *De la division du travail social* (1893), il s'attaque à la thématique centrale de l'économie politique depuis *La Richesse des nations* d'Adam Smith (1776), la division du travail, pour montrer qu'elle ne s'explique pas seulement par des considérations utilitaires, par son efficacité économique, mais tout autant par des raisons morales. Par la recherche de la dignité, en quelque sorte. Écoutons-le[1] : « Nous sommes ainsi conduits à considérer la division du travail sous un nouvel aspect. Dans ce cas, en effet, les services économiques qu'elle peut rendre sont peu de choses à côté de l'effet moral qu'elle produit, et sa véritable fonction est de créer entre deux ou plusieurs personnes un sentiment de solidarité. De quelque manière que ce résultat soit obtenu, c'est elle qui suscite cette société d'amis, et elle les marque de son empreinte. »

Comment ne pas voir ici la préfiguration de la distinction qu'opérera plus tard l'École des relations industrielles

1. E. Durkheim, *De la division du travail social* (1893), Paris, PUF, 1967.

entre organisation formelle et organisation informelle de l'entreprise ? D'un côté, la division formelle, fonctionnelle et utilitaire du travail, celle qu'analysent les économistes. De l'autre, la division « morale », celle qui repose sur des sentiments de solidarité et d'amitié. Quant aux implications éthiques et politiques de cette thèse, elles se laissent aisément deviner. Les êtres humains ne se laissent pas réduire au rang de simples « animaux économiques », comme le dira plus tard Mauss. Parce qu'ils sont également liés par la recherche de l'amitié et de la solidarité, la société ne peut pas se tisser à partir des seuls contrats individuels. L'organisation comme la société, et contrairement à ce qu'affirme la science économique contemporaine dominante, ne se réduisent pas à un « nœud de contrats », ne serait-ce que parce que, dans tout contrat, il entre un « élément non contractuel » et non individuel, une part d'institution proprement sociale. La sociologie durkheimienne va alors se penser et se développer comme la science générale de l'institution sociale.

Pour développer cette science générale du fait proprement social, irréductible aux seuls calculs d'intérêt des individus, Durkheim va s'entourer de certains des plus grands savants ou des esprits les plus prometteurs de son temps et les associer dans une aventure collective extraordinaire : la création d'une revue interdisciplinaire généraliste en science sociale, *L'Année sociologique* qui, paraîtra régulièrement de 1898 à 1907 et plus sporadiquement après la guerre, sous la houlette de Mauss, jusqu'en 1927. Il s'agit de rien moins que d'offrir un cadre intellectuel commun, relativement souple mais quand même défini par quelques principes théoriques généraux, permettant de rassembler des études portant aussi bien sur la psychologie collective, que sur l'histoire des religions et des cultures, le droit, la criminologie, l'économie, la géographie et la démographie, ou encore l'esthétique, la linguistique, etc.

La seule aventure intellectuelle d'envergure comparable sera, à la même époque, la sociologie de Max Weber, dont le célèbre *L'Éthique protestante et l'esprit du capitalisme* ne constitue qu'un fragment. À nombre d'égards, même si sa démarche est foncièrement différente, l'objectif de Weber est en définitive proche de celui de Durkheim. En procédant à une gigantesque enquête sur la place que les différentes grandes religions ont accordée aux activités économiques, il s'agit de montrer que le souci premier des êtres humains est bien loin de se limiter à la quête de la prospérité matérielle. Seul le mariage d'une certaine éthique protestante, puritaine, avec l'esprit du capitalisme a produit le passage d'une économie du salut à la recherche du salut par l'économie, si emblématique de notre temps.

Depuis Durkheim et Weber, bien sûr, les connaissances ont considérablement évolué sur tous les points particuliers qu'ils ont traités. Mais leur projet général, celui de penser ensemble les leçons de la sociologie, de l'histoire, de la géographie, du droit, de la philosophie morale et politique, de la science économique, etc., ce projet-là demeure inégalé dans son ambition et par l'ampleur des questions qu'il permet de poser.

Dans la création, la fabrication et l'animation de *L'Année sociologique*, le premier soutien, le bras droit et aussi, en partie, le souffre-douleur de Durkheim, celui qu'il doit forcer sans cesse à travailler pour la revue alors que mille autres choses le passionnent, dont la boxe et l'animation des coopératives de consommation ouvrières, ou, encore, la collaboration avec son ami Jean Jaurès – le grand homme du socialisme français –, c'est son neveu Marcel Mauss.

## 2. Qui est Mauss ?

Mauss naît le 10 mai 1872 à Épinal dans une famille juive. Il est le fils de la sœur d'Émile Durkheim, dont il sera aussi bien l'élève et le disciple turbulent (jamais à l'heure pour rendre sa copie, au désespoir de son oncle) que l'héritier intellectuel, celui qui sera chargé, après la Première Guerre mondiale et la mort de son oncle en 1917, de reprendre la direction de *L'Année sociologique*. S'il s'y spécialise en ethnologie et en histoire comparée des religions primitives, c'est dans la perspective d'une sociologie générale durkheimienne. Il n'est donc pas exagéré de dire qu'en lui se cristallise et se dépose toute la tradition sociologique française, amorcée par Saint-Simon puis Auguste Comte et systématisée par Durkheim.

Une des grandes raisons de la relativement faible visibilité de Mauss dans l'histoire officielle de la sociologie, outre sa spécialisation ethnologique qui le fait passer plus pour un anthropologue que pour un sociologue[1], est le fait qu'il n'a jamais écrit « un vrai livre ». Des centaines d'articles ou de recensions, mais jamais un grand livre. Même sa thèse sur la prière n'a jamais été achevée, comme s'il avait voulu éternellement conserver une sorte de fraîcheur juvénile, un côté amateur, voire dilettante ; comme s'il était passionné par tant de sujets qu'il lui était impossible de s'appesantir trop longtemps sur un seul en particulier. Sa carrière sera donc brillante mais erratique. En 1901, quoique n'ayant pas soutenu sa thèse, il obtiendra à l'École pratique des hautes études – haut lieu des études érudites

1. Alors que, à l'inverse, chez les ethnologues, même s'il demeure une référence incontournable, il n'est lu qu'avec une certaine méfiance parce que jugé trop généralisateur, trop sociologue. Sans compter que, contrairement à la norme absolue de la profession, il n'a jamais fait un seul « terrain ».

françaises – la chaire d'« histoire des religions des peuples non civilisés ». Il faut voir dans cette élection la consécration de l'école durkheimienne et la reconnaissance de l'importance de *L'Année sociologique* dirigée par Durkheim, et dont Mauss, on l'a dit, est la cheville ouvrière avec son ami Henri Hubert. Avec ce dernier il y publiera deux textes qui, aujourd'hui encore, font référence dans leur champ : l'*Essai sur la nature et la fonction du sacrifice* (1899), et l'*Esquisse d'une théorie générale de la magie* (1904). Signalons également un texte étonnant, corédigé avec Durkheim, *De quelques formes primitives de classification* (1905), véritable matrice du grand œuvre de Durkheim (1912), *Les Formes élémentaires de la vie religieuse*, mais aussi de toutes les études structuralistes ultérieures d'un Claude Lévi-Strauss ou d'un Georges Dumézil sur les catégories de pensée archaïques. À quoi il faudrait ajouter bien d'autres articles d'une grande importance[1].

Ces textes lui vaudront en 1931, toujours sans sa thèse, son élection au Collège de France, le lieu le plus prestigieux de tout l'enseignement supérieur français. Il y forme certains de ceux qui deviendront les premiers grands ethnologues français et qui l'écoutent, fascinés, passer librement et de manière imprévisible, comme dans une conversation entre amis, d'un continent à un autre, d'une langue à une autre, d'une religion à une autre, et qui se disent : « Décidément, Mauss sait tout. » C'est dans le prolongement de cet enseignement qu'il fonde en 1925, avec son ami Paul Rivet et Henri et Lucien Lévy-Bruhl, l'Institut d'ethnologie. Cette fondation est considérée

1. Notamment, « Sociologie » (1901), avec P. Fauconnet, « Essai sur les variations saisonnières des sociétés eskimo » (1906), avec H. Beuchat, l'« Appréciation sociologique du bolchévisme » (1924), « Les techniques du corps » (1935), « Une catégorie de l'esprit humain, la notion de personne, celle de moi » (1938).

comme l'acte de naissance de l'ethnologie proprement scientifique en France. Contraint d'abandonner ses enseignements en 1941 par les lois antijuives de Vichy sous l'occupation allemande, il mourra en 1950. On voit la variété de ses centres d'intérêt. Mais son écrit le plus important, celui qui, en un sens, condense tous les autres, qui les éclaire et dont il est éclairé en retour, est sans conteste, l'*Essai sur le don*, publié en 1925 dans *L'Année sociologique,* qu'aucun anthropologue, aucun philosophe ou aucun sociologue ne peut se dispenser d'avoir lu.

## 3. Après et avant l'*Essai sur le don*

Dans les années 1970, la pensée française triomphe sur les campus américains sous le nom de *French Theory*[1]. Ce qu'on accueille et célèbre sous ce nom, c'est ce qui se présentait en France sous les traits du « structuralisme ». Les auteurs que l'on encense alors et qui d'ailleurs sont ceux qui aujourd'hui encore, dans le monde entier, se trouvent au cœur de tous les débats dans les *gender,* les *cultural*, les *subaltern* ou les *postcolonial studies*, ce sont Michel Foucault, Jacques Derrida, Jean Baudrillard ou, à un degré moindre, Jacques Lacan ou Louis Althusser. Or, toute cette mouvance structuraliste ou poststructuraliste trouve son origine dans la lecture de l'*Essai sur le don* que livre, en 1950, l'anthropologue Claude Lévi-Strauss, un des plus grands noms de l'histoire de l'anthropologie. Depuis, les débats font encore rage sur la question de savoir quelle portée véritable il convient de donner à ce texte. Il n'entre nullement

1. Voir F. Cusset, *French Theory. Foucault, Derrida, Deleuze & Cie et les mutations de la vie intellectuelle aux États-Unis*, Paris, La Découverte, 2003.

dans notre propos de les retracer ici. Mais il nous faut expliquer pourquoi il est indispensable de s'y référer pour comprendre ce qui se joue entre les hommes au sein des organisations.

L'*Essai sur le don* n'est pas à proprement parler un livre. Il se présente originellement comme un très gros article de *L'Année sociologique*. Son sous-titre même mérite attention : « Forme et raison de l'échange dans les sociétés archaïques ». Un autre membre de l'école durkheimienne, Georges Davy, avait publié l'année précédente, avec un matériau ethnographique en partie comparable mais beaucoup plus restreint, *La Foi jurée*, un essai qui interrogeait les origines de l'idée de contrat. Rappelons-nous la thèse de Durkheim : dans le contrat, il entre toujours un élément non contractuel. Ou encore, dans le contrat il y a toujours plus que le contrat. Mauss, dans l'*Essai sur le don*, poursuit la même recherche que Davy, celle de l'origine du contrat mais aussi de l'échange. Autrement formulé, il s'agit entre autre de se demander comment fonctionnaient les échanges avant qu'ils ne deviennent des échanges économiques, ces échanges qu'étudient les économistes en postulant que chacun des partenaires y poursuit exclusivement son intérêt matériel propre régulé par la loi du donnant-donnant. Formulons la question de Mauss encore différemment : comment se déroulaient les échanges quand le marché n'existait pas ? Et, symétriquement, qu'est-ce qui subsiste, peut et doit subsister au sein de la société marchande de ce qui l'a précédée ? La conclusion de Mauss, qui vient étayer la critique adressée par Durkheim à Spencer, peut se résumer simplement, en reprenant ses propres termes : « L'homme n'a pas toujours été un animal économique. » Ou encore : « Il n'y a que peu de temps qu'il l'est devenu et qu'il s'est doublé d'une machine à calculer. »

Qu'est-ce qui existait donc avant le contrat et avant le marché, avant que l'homme ne commence à devenir un « animal économique » ? À cette question, Mauss formule une réponse générale dès les premières lignes de son *Essai*. Dans nombre de sociétés archaïques, « les échanges et les contrats, écrit-il, se font sous la forme de cadeaux, en théorie volontaires, en réalité obligatoirement faits et rendus ». De façon synthétique, on peut dire que, dans ces sociétés archaïques, les échanges, les « contrats » et les relations sociales s'organisent selon la logique d'une *triple obligation de donner, recevoir et rendre*. Autrement dit, on ne peut pas y devenir un sujet social à part entière, une personne pleinement reconnue, sans s'efforcer de prouver sa valeur en effectuant des dons. Symétriquement, on ne peut pas refuser le don qui vous est fait, sauf s'il est sociologiquement notoirement inadapté en raison d'un trop grand écart de statut social entre le donateur et le donataire. On ne peut pas, enfin, ne pas rendre les dons reçus, mais il faut le faire en rendant plus et plus tard. Rendre tout de suite la même chose ou son équivalent reviendrait à refuser la relation de don et d'endettement mutuel. Ce serait un affront ou une lâche dérobade. Ce qui circule selon cette logique de la triple obligation, ce ne sont pas seulement des biens et des richesses, des choses utiles économiquement, mais « avant tout des politesses, des festins, des rites, des services militaires, des femmes, des enfants, des danses, des fêtes, des foires dont le marché n'est qu'un des moments et où la circulation des richesses n'est qu'un des termes d'un contrat beaucoup plus général et beaucoup plus permanent ». Mais, comme Mauss le constatera, « cette morale et cette économie fonctionnent encore dans nos sociétés de façon constante et pour ainsi dire sous-jacente ». Retenons le terme « sous-jacent », car c'est bien cette « économie morale », comme nous allons le voir, qui est au cœur de l'« informel » repéré par l'École des relations industrielles. Malgré sa modestie de savant, Mauss ne pourra s'empêcher d'écrire, et à juste titre, qu'il croit « avoir trouvé ici un des rocs humains sur lesquels sont bâties nos sociétés ». Qu'est-ce qui lui permet de le penser ?

Chapitre 3

# Le don retrouvé

Une des raisons pour lesquelles l'œuvre de Mauss, quoique universellement reconnue comme importante, n'est pas enseignée dans les universités à l'égal des plus grandes, comme celle de Durkheim ou de Weber, c'est que, avant tout soucieuse du concret et de la complexité du réel, elle se méfie comme de la peste des spéculations conceptuelles abstraites et des généralisations abusives. Elle répugne à l'esprit de système. Pourtant, comme nous le verrons clairement au fil de cet ouvrage, elle regorge en réalité de propositions générales, plus ou moins explicitées par Mauss lui-même, mais toutes d'une extrême importance. Au début de l'*Essai sur le don*, comme on vient de le voir, il affirme ainsi qu'il a trouvé « un des rocs humains sur lesquels sont bâties nos sociétés ». Et il en rajoute encore en conclusion en disant que c'est sur cette logique du donner, recevoir et rendre, à mi-chemin de l'égoïsme et de l'altruisme, que repose la « morale éternelle ». Celle-ci, écrit-il, « est commune aux sociétés les plus évoluées, à celles du proche futur et aux sociétés les moins élevées que nous puissions imaginer. Nous touchons le roc ». Il recourt donc encore à cette métaphore du roc, comme s'il voulait dire qu'il est impossible de creuser plus profond. Et, de fait, avec le système du don/contre-don, on se en au cœur de ce qui se joue dans les relations humains[1].

## 1. Un *fait social total*

On peut s'expliquer cette exaltation discrète. Si, en effet, les découvertes de Mauss sont confirmées, elles fournissent un point de départ empirique et non spéculatif, un vrai point de départ scientifique, non seulement à l'anthropologie ou à la sociologie, mais aussi à la philosophie ou à l'économie politique. Pour mesurer l'enjeu d'une telle découverte, il convient de prendre toute la mesure du fait que ces deux dernières, notamment, appuient au contraire leurs développements sur des prémisses théoriques purement hypothétiques. Hobbes, Locke, Rousseau, par exemple, ou, plus récemment un John Rawls font remonter l'existence en société civilisée à un « contrat social » originel bien improbable, auquel ils n'attribuent d'ailleurs aucune plausibilité factuelle. « Écartons tous les faits », écrivait ainsi Rousseau au début du *Contrat social*. De même, toute l'armature centrale de la science économique repose sur la figure imaginaire de l'*Homo œconomicus*, de l'individu calculateur, rationnel et égoïste. Cette axiomatique de départ est de plus en plus massivement réfutée aujourd'hui tant par la neuro-économie que par la psychologie expérimentale, mais sans que cela induise de changements significatifs dans les raisonnements ordinaires des économistes. Or, si Mauss a réellement trouvé un fondement empirique

1. Et même aussi, peut-être, pour partie entre les animaux, comme l'attestent les importants et spectaculaires travaux de l'éthologue Frans de Waal. Voir par exemple F. de Waal, *Le Singe en nous*, Paris, Fayard, 2005, et *L'Âge de l'empathie*, Paris, Les Liens qui libèrent, 2010.

concret et non pas spéculatif abstrait à ses conclusions, voilà qui change tout. Mais est-ce bien le cas ?

Il existe en anthropologie de grands ouvrages de synthèse sur les systèmes de parenté, qui rassemblent et classent toutes les données connues sur les sociétés les plus diverses et qui en proposent une théorisation plus ou moins poussée et formalisée. Mais dans le domaine exploré par l'*Essai sur le don*, plus général et fondamental encore que celui de la parenté puisqu'il porte sur l'ensemble des relations sociales, il n'existe rien de comparable au matériau réuni par Mauss. Il n'est pas exagéré de dire que Mauss réunit là toutes les connaissances existantes à l'époque sur le sujet. Ou, plus précisément, comme il l'explique en définissant le statut de sa démarche, « toutes les connaissances bien documentées, relatives à des aires déterminées et cohérentes, pour peu qu'elles portent non sur des faits isolés, mais sur des systèmes qu'il est possible de restituer dans leur intégrité et qui permettent ainsi d'accéder au point de vue de l'intérieur, à la conscience des sociétés elles-mêmes ». Mais le champ que s'assigne Mauss est plus circonscrit encore. Il opère en effet une distinction entre ce qu'il appelle les « prestations totales » et les « prestations agonistiques ». Ou encore, dans une formulation plus complète, « les prestations totales de type agonistique ». C'est sur ces dernières seulement, c'est-à-dire sur les relations d'échange/don ou de don/échange (Mauss hésite entre ces deux expressions) marquées par une dimension de rivalité et d'agressivité que porte l'*Essai sur le don*. Mais, on le verra, de même qu'en psychologie ou en psychanalyse, l'étude des cas pathologiques permet de révéler quelque chose du fonctionnement normal de la *psyché* humaine, de même l'étude du don agonistique, du don en quelque sorte exacerbé, permet de comprendre l'enjeu premier du don ordinaire.

À l'appui de sa recherche, et conformément aux principes que l'on vient de rappeler, ceux d'une « méthode de comparaison précise », Mauss mobilise des exemples tirés d'aires géographiques bien différentes et éloignées : la Polynésie, la Mélanésie, le Nord-Ouest américain, mais aussi, l'Inde, la Scandinavie, la Rome antique, etc. Il suffira pour notre propos de rappeler brièvement les deux cas principaux sur lesquels il s'attarde, qui font figure d'exemples canoniques en anthropologie, et qui n'ont jamais cessé de défrayer la chronique, au-delà même des rangs des ethnologues : celui du *potlatch* nord-américain et celui de la *kula* des îles Trobriand.

## 2. Le *potlatch*

Le plus spectaculaire, car le plus agonistique, à un degré qui surprend et laisse pensif, est celui du *potlatch*, pratiqué par les Indiens Tlingit, Haïda, Tsimshian et Kwakiutl de la Colombie-Britannique au Canada, dans la région de Vancouver. Ces tribus, qui ne pratiquent pas l'agriculture mais pêchent, chassent et font commerce depuis longtemps de peaux d'animaux avec les Blancs, sont riches. Elles vivent en alternant deux types d'organisation sociale bien différents. L'été, tous partent chasser et pêcher en petits groupes familiaux. L'hiver, tout le monde est réuni dans le même campement. C'est là que toute occasion, une naissance, un mariage, l'arrivée des baleines dans le fleuve, etc., est prétexte à organiser de grandes fêtes dans lesquelles se livrent de véritables luttes de richesse et de générosité. Ces sortes de duels par le don peuvent ressembler pour nous à une sorte de grand jeu de qui perd gagne, puisque le gagnant sera celui qui aura le plus donné et même, parfois, au-delà du don, celui qui aura accepté de perdre et de détruire ses propres richesses pour attester qu'il n'en dépend pas. Qu'il est dans un au-delà du besoin.

Ce grand jeu de qui perd gagne, explique Mauss, qui s'appuie notamment sur les observations de l'ethnologue Frantz Boas mais de bien d'autres encore, repose sur deux principes complémentaires : l'honneur et le crédit. C'est bien en effet, d'une lutte pour l'honneur qu'il s'agit. Et même parfois, pour reprendre les termes du philosophe Hegel dans sa célèbre analyse de la dialectique du maître et de l'esclave, d'une « lutte à mort » pour l'honneur[1]. Le but du jeu, nous dit Mauss, est d'« aplatir » son rival en générosité, de le mettre « à l'ombre de son nom ». Ou encore, de « transformer en obligés ceux qui vous ont obligés ». Car l'honneur, la reconnaissance et la puissance vont à ceux qui donnent. Celui, en revanche, qui ne peut pas rendre, en est déshonoré. « Tout se gagne ou se perd, au *potlatch* comme à la guerre, au jeu ou à la lutte : le statut politique dans les clans ou les confréries, les rangs de toute sorte, les mariages des enfants », etc. On voit ici fonctionner, à l'état d'incandescence, la logique de la face, si puissante également en Chine, au Japon, ou dans le monde méditerranéen ou arabo-musulman. Cette logique fonctionne à peu près partout, en réalité, avant l'avènement de la modernité capitaliste qui a substitué, pour le meilleur ou pour le pire, la recherche de l'enrichissement matériel à ce que Hobbes dans le *Léviathan* appelait la vaine gloire (*vainglory*), la gloriole.

Mais il ne peut, dans ce jeu, y avoir de gagnant et de perdant que parce que l'alternance des *potlatchs* échangés et rendus repose sur une notion de crédit, sur le fait de

1. Voir G. W. Hegel, *La Phénoménologie de l'esprit* (1807) et, plus spécifiquement sur cette thématique de la lutte pour la reconnaissance, A. Kojève, *Introduction à la lecture de Hegel*, Paris, Gallimard, 1947. Et, plus récemment, A. Honneth, *La Lutte pour la reconnaissance*, éd. du Cerf, 2000.

différer, sur la *différance* avec un *a*, dira le philosophe Jacques Derrida. Le contre-don doit être en effet différé. On ne rend pas tout de suite mais plus tard. Rendre tout de suite reviendrait à afficher sa faiblesse, à montrer qu'on n'a pas la richesse et la puissance suffisantes pour supporter l'état d'endettement et d'obligation, pour tenir le choc, en quelque sorte. C'est que plus on tarde à rendre et plus il faut rendre avec intérêt, avec usure, même. Il serait pourtant illusoire de chercher dans le *potlatch*, comme l'ont fait nombre de commentateurs, une recherche d'enrichissement matériel, car l'idéal partagé est, curieusement en apparence, de donner « un *potlatch* et qu'il ne fût pas rendu ». C'est une autre manière d'avoir le dernier mot, ou la carte si extraordinaire, *so high and wild*, comme le chante Leonard Cohen, qu'il n'y aura plus jamais besoin de distribuer une autre donne.

Car ce jeu de qui perd gagne peut s'emballer – c'est ce qui a le plus frappé les commentateurs –, et s'apparenter à une sorte de partie de poker dans laquelle tous les joueurs commenceraient à « flamber » et à surenchérir jusqu'à jouer toute leur mise et, au-delà de la mise, leur vie même. Il ne s'agit plus alors de donner, mais de dilapider, de « consumer » dira le philosophe Georges Bataille, dans son célèbre livre, *La Part maudite*[1]. On brûle ses maisons ou ses couvertures (signe de richesse). On jette à la mer ses cuivres blasonnés les plus chers, ceux qui sont les talismans et l'honneur de son clan. À l'inverse, celui qui ne peut pas suivre ce jeu d'enfer, qui n'a plus assez pour emprunter et miser, perd tout. Il peut être réduit en esclavage, comme dans l'institution du *nexum* à Rome, ou se voir acculé au suicide.

1. G. Bataille, *La Part maudite*, précédé de *La Notion de dépense*, Paris, éd. de Minuit, 1967 (1949).

Il est inutile pour nous d'entrer dans la querelle des interprétations du *potlatch*. Comme on peut l'imaginer, il a donné naissance à de multiples lectures. L'important est peut-être de ne pas trop s'attarder sur sa dimension manifestement paroxystique. Comme l'ont montré des études ultérieures à celles dont Mauss avait pu avoir connaissance, le *potlatch* n'a commencé à revêtir cette dimension d'extrême rivalité que parce que ces sociétés indiennes avaient connu une très forte réduction de leur population, un dérèglement démographique qui pouvait laisser miroiter à presque tous la possibilité d'accéder à des postes honorifiques autrefois réservés à un plus petit nombre. D'où cette rivalité exacerbée. Mais dans ses outrances mêmes, l'institution du *potlatch* telle que décrite par Mauss fait apparaître certains traits fondamentaux du don archaïque. Trois au moins.

D'abord son caractère obligatoire. On ne peut pas ne pas organiser un *potlatch*. On ne peut pas refuser de s'y rendre ou refuser d'accepter les dons proposés. Et on ne peut pas ne pas les rendre. Ensuite, le lien étroit qui existe entre le don et l'honneur, autrement dit la valeur socialement reconnue à celui qui donne. Enfin, le caractère structurel de la dette. Dans l'échange marchand, en payant on s'acquitte de sa dette. Dans l'échange par don, au contraire, l'idéal est en somme que chacun reste perpétuellement en dette. Que celle-ci aussitôt acquittée renaisse sous une autre forme. Mais ce trait apparaît plus clairement encore dans le second grand cas détaillé par Mauss, celui de la *kula*.

## 3. La *kula*[1]

La *kula* est un commerce noble qui relie entre elles les îles d'Entrecasteaux au nord-est de la Nouvelle-Guinée. Elle a été étudiée avec un grand luxe de détails par Bronislaw Malinovski dans un livre qui reste un des grands classiques de l'histoire de l'ethnologie, le plus grand peut-être, *Les Argonautes du Pacifique occidental* (1922). Tout le travail ethnographique de Malinowski porte sur les îles Trobriand qu'il présente comme étant au centre d'un cercle formé par différentes îles entre lesquelles la circulation des dons permet de tisser des liens d'alliance. Le mot *kula*, en effet, signifie cercle. Ce qui rend l'étude de la *kula* particulièrement intéressante c'est que la pratique de ce type d'échange cérémoniel est attestée, nous le savons maintenant, depuis des siècles. Et que loin de disparaître à la suite du contact avec les Blancs et de l'avènement de la modernité, elle prospère de plus belle aujourd'hui. Il est vrai qu'il est plus facile et moins dangereux de relier les îles avec des bateaux à moteur qu'en pirogue. D'autant que les voyages peuvent être fort longs, puisque le cercle *kula* autour des îles Trobriand recoupe d'autres cercles plus excentrés et lointains qui eux-mêmes en recoupent d'autres à travers le Pacifique.

Ce que montre Malinowski et qui a été repris et commenté par Mauss, c'est que la *kula* est la grande affaire dans la vie des hommes trobriandais. Donnons-en une représentation ultra-simplifiée et systématisée. Soit un homme puissant et riche d'une île A, un *Big Man*, comme disent les ethnologues, qui décide de construire un bateau

1. On dit aujourd'hui *le* kula. Mais nous préférons garder le féminin utilisé dans la traduction des *Argonautes du Pacifique occidental*, Paris, Gallimard, 1963 (1922).

et de réunir un équipage pour se lancer dans une expédition *kula*. Ils partent chargés de présents de peu de valeur, comme de la verroterie ou de la pacotille en quelque sorte, et cinglent vers l'île B. Arrivés, ils se mettent en quête de partenaires *kula* soit déjà trouvés lors d'une expédition antérieure, soit à conquérir. Le mot « conquête » n'est pas trop fort, même s'il s'agit d'une conquête amicale et non pas guerrière ou amoureuse. À des partenaires de don potentiels, c'est-à-dire correspondant à leur rang social, ils offrent des présents de peu de valeur, des *opening gifts*, une sorte d'appât, qui engage à un don ultérieur de plus de valeur qui scelle le pacte, un don qui « ferre », un *clinching gift*. Le principe est que les visiteurs en B n'apparaissent que comme des receveurs. Ayant reçu les dons escomptés, ils cinglent maintenant vers l'île C, puis l'île D, par exemple, où se reproduira le même manège, avant de rentrer en A, chargés de présents.

Ces présents sont des biens précieux, des *vaygu'as*, des coquillages montés en bracelets – les *mwali*, symboles féminins –, ou en colliers – les *soulawas*, symboles masculins. Il n'est pas indifférent de noter que, dans la navigation *kula*, *mwali* et *soulawa* circulent en sens opposés. Mais, masculins ou féminins, ces biens précieux, les *vaygu'as,* sont l'objet de tous les désirs, de toutes les concupiscences. Chacun a sa personnalité, connue de tous, qui est faite de la personnalité de ceux qui l'ont possédé auparavant et qui dépend aussi de la façon dont ils ont été donnés, avec plus ou moins de noblesse et d'élégance. Il ne faut en effet à aucun prix confondre la *kula*, échange noble et cérémoniel, avec le *gimwali*, le troc, qui porte sur des biens utilitaires. Rien ne serait pire pour un Trobriandais que de s'entendre dire qu'il a mené sa *kula* comme un *gimwali*, même si dans les interstices de la *kula* il est aussi possible de procéder à des échanges utilitaires.

Ce qui est frappant dans la *kula*, comme dans le *potlatch*, même si c'est de manière infiniment plus paisible et moins paroxystique, c'est que tout le système repose sur la nécessité d'accepter la perte de ce qu'on possède de plus précieux, seul moyen de retrouver d'autres biens désirables par ailleurs. Il faut lire avec quelque détail les récits, rapportés par Malinowski, que se font les compagnons d'expédition sur leur pirogue au milieu de l'océan, dans l'incertitude du lendemain. On y voit que tous leurs désirs convergent vers tel ou tel *vaygu'a* qu'ils espèrent bien obtenir et remporter chez eux. Pour cela, commente Mauss, « il faut donc séduire, éblouir… arriver au but avant les autres, ou mieux que les autres, provoquer ainsi de plus abondants échanges des choses les plus riches, qui sont naturellement la propriété des gens les plus riches ». Si leurs vœux sont comblés, s'ils sont parvenus à leurs fins, une fois de retour, les navigateurs serreront précieusement dans un coffre ces biens si convoités, ne les sortant qu'en de grandes occasions pour les regarder avec amour. Pourtant, plus tard, lorsque les gens de l'île B, ou C, ou D viendront leur rendre visite, avec les mêmes espoirs, il leur faudra bien à leur tour se défaire de ce qu'ils ont de plus cher et en faire don dans les mêmes conditions que ceux qui les leur avaient donnés. Si l'on devait chercher un équivalent contemporain, le plus parlant serait sans doute celui des coupes sportives, coupe Davis, coupe de France, bouclier de Brennus, etc., dont le gain suscite une liesse collective sans égale, proportionnelle à la valeur de ceux qui les ont obtenues auparavant, mais qu'il faudra remettre en jeu l'année suivante.

On retrouve donc dans la *kula* les mêmes ingrédients que dans le *potlatch*, mais atténués pour l'un, ceux de l'honneur ou de la face, et accentués pour l'autre, celui du crédit. La rivalité y est en effet moins forte, plus pacifique et pacificatrice. Il est intéressant d'ajouter qu'il existe aux îles Trobriand une *kula* des femmes, pratiquée à l'intérieur de l'île à l'occasion des naissances, des mariages ou des décès, et que celle-ci était restée totalement inaperçue de Malinowski. C'est à une anthropologue américaine, Annette B. Weiner qu'il est revenu de l'observer[1]. Quant au crédit, à la *différance*, à l'écart qui doit nécessairement séparer le don du contre-don, à la dette qui ne doit pas s'éteindre, on les voit ici fonctionner de manière d'autant plus manifeste que la relation de don n'est pas bilatérale mais multilatérale. Ce n'est pas à celui dont on a reçu qu'on rendra, mais à un autre. Et c'est d'un autre que celui à qui on a donné qu'il faut attendre un retour.

Mauss a limité la restitution de son matériau ethnographique aux dimensions agonistiques du don et, comme lui, nous les avons fait ressortir afin d'éviter toute équivoque et tout risque d'amalgame entre la théorie du don et le mythe du bon sauvage. Entre don et charité ou altruisme. Nous manquerions cependant l'essentiel si nous refusions de voir l'autre face du don agonistique et de la rivalité. Ce que montre parfaitement l'exemple de la *kula*, c'est que la rivalité de générosité sert à se faire des alliés et des amis. Environ deux cents, comptait Malinowski, cent au nord et cent au sud en moyenne. On pourrait dire aussi, puisque aujourd'hui on ne parle plus que de réseaux et qu'on ne jure plus que par eux, que la *kula* en est la forme prototypique, et que son étude permet de comprendre comment ils peuvent se créer et vivre : par la rivalité de générosité transformée en amitié. Quoi qu'il en

1. A. B. Weiner, *La Richesse des femmes ou comment l'esprit vient aux hommes,* Paris, éd. du Seuil, 1983 (*Men of Value, Women of Renown*, 1977) et *The Trobrianders of Papua New Guinea*, Holt, Rinehart and Winston, 1987 (1933).

soit, nous en savons désormais assez au plan empirique pour commencer à mettre en œuvre certaines des leçons qu'il nous est possible d'apprendre du don archaïque.

### *Conclusion de la première partie : au-delà de l'*Homo œconomicus *et de l'intérêt pour soi*

La première leçon à retirer des découvertes de Mauss est que tous les sujets sociaux, nous tous, que nous le voulions ou non, inscrivons notre existence dans une logique de l'alliance (ou de la défiance), du don et du contre-don, de dettes et de créances. Que ce soit dans un registre d'alliance entre pairs, entre parents et enfants, entre membres d'une organisation ou d'une communauté politique, économique, sportive ou religieuse, chacun se retrouve à différents moments tantôt en position d'avoir à donner, à recevoir ou à rendre, tantôt à demander. L'existence des hommes a donc une tout autre épaisseur et une tout autre complexité que celle du simple *Homo œconomicus* de la théorie économique et managériale standard, uniquement soucieux de lui-même et de son ou de ses intérêts. Pour comprendre ce qui se joue dans nos vies et commencer à apercevoir les ressorts cachés des organisations, il nous faut donc apprendre à dépasser une fois pour toutes l'*axiomatique de l'intérêt*, cette idée si universellement répandue, et notamment dans le domaine du management, que tout dans nos actions s'expliquerait par l'intérêt. Non que l'intérêt n'y prenne en effet sa part. Parfois importante, voire prépondérante. Mais il ne peut le faire que combiné à trois autres mobiles, tout aussi irréductiblement premiers que lui, et que Mauss fait d'ailleurs apparaître dès les premières lignes de l'*Essai sur le don*. Le don met en scène un désintéressement, mais il est en réalité tout autant intéressé. Ou réciproquement. Par ailleurs il met en scène une spontanéité, une liberté – « Tiens, je te le donne, comme ça, spontanément » –, mais il obéit en fait à une obligation sociale. Ou réciproquement. Dire qu'il « met en scène » ne signifie pas que ce qu'il met en scène n'aurait pas de réalité et se dissoudrait dans son opposé : le désintéressement dans l'intérêt et la liberté dans l'obligation. C'est même plutôt le contraire. Il faut que l'obligation se transforme en liberté, et l'intérêt en désintéressement. Et réciproquement. Mais une telle transformation n'est possible que parce que les dimensions du désintéressement et de la liberté sont elles aussi présentes dès l'origine en chaque sujet humain.

Formulons donc les choses un peu différemment, sur un mode axiomatique. Dans tous nos actes il entre une part d'*intérêt pour soi*, d'intérêt instrumental, mais aussi une part d'*intérêt pour autrui*, tout aussi originel que l'intérêt pour soi et irréductible à lui (comment expliquer l'amour autrement, par exemple ?). Ou, si l'on préfère, une part d'*aimance* ou d'empathie. Dans tous nos actes encore, seconde opposition, il entre une part d'*obligation* et de contrainte, sociale ou physique, et une part de *liberté* et de *créativité*. Il y a ce que l'on fait par devoir, pour trouver du sens, et ce que l'on fait par plaisir d'être autonome et inventif. Et non seulement il en *est* ainsi mais il *doit en être* ainsi, dans un bon équilibre à trouver à l'intersection de ces deux couples d'opposés. Ni trop d'intérêt instrumental ni trop d'empathie, ni trop d'obligation ni trop de liberté. C'est là la clé tant de la sagesse individuelle que de l'harmonie politique ou de l'efficacité organisationnelle. Et c'est dans cet équilibre que les sujets humains peuvent accéder à la reconnaissance à laquelle ils aspirent et qui constitue leur véritable moteur.

Dans la deuxième partie, nous allons décrire quelques cas de figure typiques des dysfonctionnements organisationnels résultant des ratés du système du don en nous bornant à analyser ceux qui résultent d'un déséquilibre entre intérêt pour soi et intérêt pour autrui. Dans la troisième, nous pourrons monter en généralité et interroger les ressorts de la bonne organisation en intégrant la dialectique de l'obligation et de la liberté-créativité. Celle à travers laquelle se joue le degré d'adonnement à ce que l'on fait.

DEUXIÈME PARTIE

# Le don : une valse à quatre temps

Mauss voyait dans ce qu'il appelait la triple obligation de donner, recevoir et rendre, la règle centrale et constitutive du rapport social dans les sociétés archaïques. On pourrait montrer que toutes les grandes religions ou tous les systèmes de morale n'ont jamais fait qu'interpréter ou réinterpréter, chacun à sa manière, cette règle première. Mais ce travail d'interprétation a à chaque fois rendu plus aiguë et pressante la question centrale : qu'est-ce qui est donné dans le don ? Qu'est-ce que donner vraiment ? Or, à poser cette question, on voit bien que le don serait vide de sens s'il ne répondait pas à un besoin ou à une demande. Et, symétriquement, que le cycle du donner-recevoir et rendre ne pourrait pas se déclencher s'il n'était impulsé par une demande, qu'elle ait été explicitement ou implicitement formulée par le récipiendaire ou simplement anticipée ou devinée par le donateur.

Il faut donc compléter la formulation de Mauss et poser que le don fonctionne selon le rythme d'une valse non pas à trois, mais à quatre temps : *demander*, donner, recevoir et rendre, en ajoutant l'élément de la demande aux trois autres étapes déjà identifiées. Ce mot valse est proche de la *kula* précédemment décrite, puisqu'il signifie tourner en cercle (de l'allemand *Walzer*). Les principes du don et du contre-don sont aux relations humaines ce que l'inspiration et l'expiration sont au souffle de la vie. Leurs séquencements se succèdent indéfiniment tant que la relation existe, de même que les pas de danse se succèdent entre les partenaires jusqu'aux dernières mesures de la valse.

Chapitre 4

# Quelques éléments du puzzle[1]

Pour bien comprendre les ressorts du don et du contre-don dans les organisations, des morceaux du puzzle « maussien » doivent être assemblés au travers de ce que nous nommerons désormais *la logique quadruple du « demander, donner, recevoir et rendre »*. Ces quatre temps impriment la dynamique des échanges, comme une règle immuable qui fonde la naissance d'une relation permet son entretien ou provoque sa mort. Mais ce cycle du demander-donner-recevoir-rendre (DDRR) ne prend sens et effectivité que sur fond de son opposé, le cycle du « *ignorer, prendre, refuser et garder* » (IPRG) dont il s'est extrait et dans lequel il peut à tout moment s'inverser[2]. C'est l'étude de ces quatre temps du don – sous ses formes positives et négatives – qui va nous occuper dans cette deuxième partie. Nous y mettrons

1. Ce chapitre est peut-être d'une lecture un peu plus difficile que les autres car il vise à une certaine systématicité conceptuelle. Le lecteur pressé d'en arriver aux faits continuera directement sa lecture par le chapitre suivant, quitte à revenir à celui-ci lors d'une seconde lecture.

2. Cette idée d'apposer un cercle « vicieux » au cercle vertueux du don et contre-don a été développée par A. Caillé in *Anthropologie du don – Le tiers paradigme*, Paris, Desclée de Brouwer, 2000 (rééd. La Découverte/Poche, 2007). Il y propose un cycle simple : ignorer-prendre-refuser-garder, symétrique du cycle demander-donner-recevoir-rendre.

l'accent sur tout ce qui empêche le cycle du don de bien fonctionner, sur les pathologies du don. Ce qui nous permettra dans la troisième partie, *a contrario*, de dégager les traits des organisations vertueuses. Celles qui permettent l'adonnement et l'efficience de leurs membres.

## 1. Mesure et démesure de la valse du don

Encore faut-il distinguer deux modalités à la fois liées mais bien distinctes du don. Ou, si l'on préfère, deux pôles. Pour désigner sa découverte, Mauss parlait indifféremment d'échange-don ou de don-échange. Dans les relations de don il existe en effet une tension permanente entre le moment du don proprement dit, caractérisé par l'affichage d'une inconditionnalité – « Je te le donne, c'est cadeau, je n'attends rien en retour » – et un moment d'échange, de *do ut des*, dans lequel l'intention de recevoir en retour est plus ou moins clairement affichée. Cette dualité est celle que nous avons vu si clairement apparaître aux îles Trobriand avec la distinction entre *kula* et *gimwali*. Parlons de don pour désigner le premier type d'échange, celui dans lequel il entre une dimension d'inconditionnalité et de négociation pour désigner le second.

Nous avons désormais en main presque toutes les pièces du puzzle organisationnel. Ou, si l'on préfère, les éléments constitutifs de la grammaire de la structure informelle des organisations : la distinction entre le don *stricto sensu* – autrement dit le générateur des alliances et des relations interpersonnelles – et la négociation qui « a lieu partout où il y a des différends à concilier, des intérêts à ménager, des hommes à persuader et où il s'agit de faire réussir un dessein », écrit Fortuné-Barthélemy de

Félice[1]. La bonne organisation, l'organisation à la fois efficace et respectueuse de la dignité de ses membres, est celle dans laquelle la part du don l'emporte sur la négociation – et *a fortiori* sur la logique de la domination – et dans laquelle les quatre temps du don s'enchaînent de manière fluide et si « naturellement » que les multiples dons qui concourent au bon fonctionnement général ne sont même pas perçus comme tels. Supposés aller de soi, ils restent comme invisibles. C'est pourquoi, dans cette partie, et justement pour rendre son action souterraine visible, nous ne nous attacherons pour l'essentiel qu'aux ratés du don, à ce qui ne marche pas, que ce soit dans le demander, le donner, le recevoir ou le rendre. Ces ratés sont autant de révélateurs, *a contrario*, de l'efficace du don.

Mais, puisque nous allons commencer à entrer dans un certain détail des écueils ou des pathologies du don en organisation, il nous faut dresser une sorte de tableau de Mendeleiev de tous les cas de figure *a priori* possibles. Le cycle du DDRR caractérise des rapports horizontaux, entre pairs. Or, dans une organisation, par hypothèse, les relations horizontales, entre pairs, sont subordonnées à des relations hiérarchiques, verticales, de pouvoir et de commandement. Il nous faut donc étudier le fonctionnement ou le dysfonctionnement du don dans le cadre de ces relations verticales, asymétriques. Le cycle inversé du DDR, celui du ignorer-prendre, refuser-garder (IPRG) se charge alors d'autres valences.

Au sommet, du côté de ceux qui commandent, les pathologies du don se manifestent sous la forme du

1. F.-B. de Félice, « Négociation », réédité sous la direction d'Alain Lempereur, Cergy, ESSEC Iréné, 2003, p. 3 (de la notice extraite du vol. XXX, p. 176-196 de *L'Encyclopédie ou dictionnaire raisonné des connaissances humaines,* publié en 1770-1778).

*exiger-écraser-rejeter-solder.* Autoritariste, la direction exige au lieu de demander. Tatillonne ou despotique, elle multiplie les tâches à effectuer et écrase les salariés ou les membres de l'organisation sous les exigences ou les contrôles. Méprisante, elle rejette toute suggestion venue d'en bas ou d'ailleurs. Ingrate, elle ne sait pas *reconnaître* les dons à l'organisation effectués par ses membres et se considère quitte par le strict respect des obligations contractuelles qui la lie à ses salariés[1].

À la base, du côté de ceux qui sont contraints d'obéir, les pathologies du don se manifestent sous la forme du *attendre-retenir-profiter-perdre.* Non investi, le travailleur partie prenante de l'organisation, multiplie les stratégies d'évitement et remet le travail à toujours plus tard. Paresseux, tire-au-flanc ou je-m'en-foutiste, il s'arrange pour en faire le moins possible et se garder de tout investissement dans sa tâche[2]. Resquilleur, passager clandestin, *free-rider,* il se débrouille pour, comme par miracle, ne jamais bien savoir ce qu'il y a à faire et tirer parti du travail des autres. Distrait professionnel, il perd ou égare tous les documents qui lui passent entre les mains, toutes les commandes ou les ordres qui lui sont adressés.

Chacun reconnaîtra aisément dans ces portraits, à peine esquissés ici, tel ou tel de ses supérieurs hiérarchiques, de ses collègues ou de ses subordonnés. S'il fallait formaliser davantage la grille de lecture du fonctionnement des organisations que nous proposons au lecteur, on ferait apparaître des milliers de cas de figure en principe différents, ce qui permettrait de rendre compte, toujours

1. On retrouve ici le refus de reconnaître les dons comme tels analysés par N. Alter.

2. Voir C. Maier, *Bonjour paresse. De l'art et la nécessité d'en faire le moins possible en entreprise*, Paris, Michalon, 2004.

en principe, de l'infinie variété des situations organisationnelles concrètes. Il est évidemment impossible et d'ailleurs inutile d'entrer dans un tel détail. Ayant dessiné à grands traits le champ des possibles, nous nous bornerons à donner quelques illustrations des situations les plus extrêmes pour rendre lisible et visible l'importance du don dans la vie des organisations (sans nous interdire quelques incursions dans la vie des familles). Aussi bien notre but n'est-il pas de proposer au lecteur un *listing* illusoire de toutes les relations de don possibles, réussies ou ratées, mais de le convaincre de la fécondité et du caractère heuristique du principe de Mauss. Or celui-ci, par nature, requiert davantage d'esprit de finesse que de géométrie.

## 2. Du don à la négociation, et réciproquement

Tout l'enjeu consiste donc à baliser la ligne de crête parfois étroite entre un cycle vertueux de don et contre-don et un cycle vicieux, afin que chaque partenaire de cette valse du don puisse évoluer durablement en bonne harmonie avec les autres. Mais pour y parvenir, il faut également prendre en compte qu'il existe bien des types, des modalités et des motivations au don, organisées, comme nous l'avons vu, à partir des quatre mobiles premiers de l'intérêt pour soi et de l'intérêt pour autrui (*i.e.* l'aimance, l'empathie), d'une part, l'obligation et la liberté-créativité, de l'autre. Restons-en, pour l'instant, au premier couple de mobiles, celui de l'intérêt pour autrui et de l'intérêt pour soi, pour étudier la dialectique entre les deux types d'échange que nous avons distingués. Dans les deux cas on échange des biens et des marques d'amitié, mais selon des logiques bien distinctes. La négociation tend vers la logique du donnant-donnant tandis que le don est pour une part inconditionnel et sans intention *a priori* d'en tirer profit matériel[1]. Ces deux types d'échange sont naturellement complémentaires et si une relation s'établit d'ordinaire par le don, rapidement vient se superposer une part de négociation pour peu que nous soyons amenés à travailler ensemble. À partir des huit questions que doit poser un bon ethnographe à son terrain, comme l'expliquait systématiquement Mauss à ses élèves de l'Institut d'ethnologie[2] – celles du où ? du qui ? du quand ? du comment ? du quoi ? avec qui ? pour qui ? pour quoi ? –, on voit apparaître huit clés de lecture et de différenciation entre la négociation et le don, même si des chevauchements entre eux s'opèrent inévitablement :

| | **La négociation** | **Le don** |
|---|---|---|
| Où ? | Le lieu se négocie comme le reste mais il se planifie, s'organise à l'avance et supporte mal l'imprévu et le temps perdu. | Il s'inscrit dans la démarche d'aller à la rencontre de l'autre, de manière souvent impromptue, y compris dans un lieu informel (« faire une surprise »). |

1. Toute la force des analyses de Mauss vient de ce qu'elles montrent que le don archaïque fonctionne en permanence sur l'articulation difficile et instable du don et de l'échange, de l'inconditionnalité et de la conditionnalité. C'est en même temps ce qui la rend difficile à comprendre. Nombre de commentateurs ne veulent voir dans le don que l'inconditionnalité, et d'autres que la conditionnalité, le donnant-donnant. Sa logique relève au contraire de l'inconditionnalité conditionnelle. Voir A. Caillé, *Anthropologie du don*, *op. cit.*, chap. IV, « De l'idée d'inconditionnalité conditionnelle ».

2. « Où ? Qui ? Quand ? Comment ? Quoi ? Avec qui ? Pour qui ? Pour quoi ? », *in* M. Fournier, *Marcel Mauss*, Paris, Fayard, 1994, p. 597.

| | | |
|---|---|---|
| Qui ? | Celui qui, à l'issue de la rencontre, devra préciser ce qu'il donne et reçoit en échange, lorsque ce qui transite obéit à la règle du donnant-donnant et nécessite un minimum d'explicitation. | Celui qui se refuse à conditionner son affection, son estime, son respect, sa confiance à l'exigence que l'autre se conforme à ses attentes… car ce serait réaliser une sorte de « déni d'humanité[1] ». |
| Quand ? | Les concessions réciproques, obtenues à un moment déterminé sont censées ne valoir que pour un laps de temps défini et limité (même si renouvelable). | Le don, qui peut être fait aux moments les plus inattendus, ne stipule aucune date de retour déterminée, et un laps de temps suffisamment long doit séparer le don du contre-don. |
| Comment ? | Chacun, pour tirer profit de l'échange, quantifie et vérifie ce qui circule afin de ne pas « se faire avoir ». La dette est acquittée dans les délais convenus par le respect des engagements.<br>La négociation implique le plus souvent un passage par l'écrit ; elle s'inscrit dans le cadre de lois et de règlements et elle se conclut par des conventions.<br>Quand les échanges ou les refus de don menacent la relation, la négociation permet également d'aborder et de régler les sujets de potentielles fâcheries. | Chacun devant rester en dette pour demeurer en lien, il serait extrêmement malvenu de tenir des comptes, car l'idée de calcul pervertit la relation.<br>Le don est du côté de l'oralité et se fera le plus souvent en fonction des coutumes et des conventions sociales.<br>Mais le don est également ce qui permet de sortir d'une négociation bloquée en sortant du registre comptable par un pari de confiance dans la capacité de l'autre à en faire autant. |

1. A. Eraly, « Les limites de la négociation », in *Penser la négociation*, D. Vrancken, C. Dubois et F. Schoenaers, Bruxelles, De Boeck, 2008, p. 79.

| | | |
|---|---|---|
| Quoi ? | Y circulent des biens et des services utiles qui sont fonctions des spécialisations de chacun, et dont la valeur en temps et/ou argent permet l'échange afin que chacun puisse satisfaire au mieux ses besoins. Dans la négociation le bien importe plus que le lien. | Y circulent des signes de reconnaissance et d'écoute, des souvenirs, des révélations, des savoirs, du soutien, des plaisirs et des soucis, des moments privilégiés, des petits cadeaux… C'est surtout « le geste qui compte ». Dans le don, le lien importe plus que le bien. |
| Avec qui ? | La négociation se fait de gré à gré ou pour le compte d'un mandant, qui veillera à préalablement clarifier le mandat, c'est-à-dire la marge de manœuvre du négociateur. | Le don s'opère aussi bien dans le cadre d'une relation interpersonnelle que dans le cadre d'un collectif de travail lorsqu'il prend la forme d'une chaîne de dons : A donne à B qui donne à C qui donne à D… qui « rend » à A. |
| Pour qui ? | La négociation concernant avant tout la *socialité secondaire*[1], les attributions, les rôles et les fonctions au sein de la structure formelle de l'organisation, elle s'effectue pour le compte d'individus ou de groupes caractérisés par leur place dans la division fonctionnelle du travail. | Le don concernant essentiellement la *socialité primaire* et la structure informelle des organisations où la personnalité des personnes importe plus que leur efficacité fonctionnelle, il vise à reconnaître des personnes dont la personnalité importe plus que les fonctions qu'elles accomplissent. |

1. Socialité primaire, socialité secondaire. Ces concepts forgés par A. Caillé (voir A. Caillé, *Splendeurs et misères des sciences sociales*, Genève, Droz, 1986, p. 351-376 ou *Anthropologie du don, op. cit.*) permettent de distinguer deux registres à la fois différents et complémentaires, comme le yin et le yang, de l'existence sociale. Dans la socialité secondaire, l'efficacité fonctionnelle des personnes importe plus que leur personnalité. Dans la socialité primaire, la personnalité des personnes importe plus que leur efficacité fonctionnelle. Le don est la mesure de cette importance.

| | | |
|---|---|---|
| Pour quoi ? | La négociation est centrée sur la recherche d'une décision conjointe en vue de préciser une action en cours ou de sortir d'un conflit.<br>Elle vise un bien-être matériel et la satisfaction de besoins, d'argent, de carrière, de pouvoir, de prestige, etc. | Le don est centré sur le vivre-ensemble, la création de réseaux sociaux, la camaraderie, l'amitié et le soin de la vie commune.<br>Visant à la reconnaissance partagée des personnes dans leur dignité et leur fragilité, il est constitutif du bonheur d'être ensemble et d'échapper au sentiment d'être seul. |

Historiquement, le don précède la négociation. Comme le rappelle Mauss : « C'est sur un système de cadeaux donnés et rendus à terme que se sont édifiés d'une part le troc, par simplification, par rapprochements de temps autrefois disjoints et, d'autre part, l'achat et la vente. » La négociation offre la possibilité de dépersonnaliser complètement ce qui circule en raison même de sa quantification monétaire. Notre manière de régir les échanges économiques, qui nous semble si évidente aujourd'hui, n'a existé réellement que depuis l'invention du libéralisme en Angleterre au XIXe siècle, à partir du moment où le travail, la terre et la monnaie, facteurs clés de l'industrie, ont été organisés sous forme de marchés, au même titre que les marchandises. Or, rappelle Karl Polanyi[1], « le travail n'est que l'autre nom de l'activité économique », qui ne saurait « être détachée du reste de la vie, être entreposée ou mobilisée ; la terre n'est que l'autre nom de la nature, qui ne s'est pas produite par l'homme ; enfin, la monnaie réelle est simplement un signe de pouvoir d'achat qui […] est une création du mécanisme de la banque ou de la finance d'État ». L'économie de marché que nous

1. K. Polanyi, *La Grande Transformation*, Paris, Gallimard, 1983 (1944).

tenons pour réelle et naturelle repose donc originellement sur une représentation de l'esprit, une pure fiction. Cette fiction offre le détachement nécessaire pour engager ou licencier quelqu'un en se considérant quitte dès lors que son salaire vient compenser l'effort qu'il fournit. De la même manière, la maison achetée perdra toute trace de ses précédents occupants après un coup de peinture. Peu importe que les précédents propriétaires aient consacré tous leurs loisirs à façonner l'esprit des lieux, car on considérera qu'ils auraient pu payer quelqu'un pour faire la même chose.

Malgré ces distinctions fondamentales, il existe une certaine porosité entre la négociation et le don : les salariés passent constamment de l'un à l'autre et mêlent ces deux types d'échange dans leurs relations. Si les écrits sur la négociation sont innombrables, il en va tout autrement du don du fait de son caractère non mesurable et objectivable. Le principe de Mauss apparaît de manière éclatante le plus souvent par défaut, lors d'une grève du zèle par exemple, lorsque les salariés se contentent de faire strictement ce qui leur est demandé. Le principe de Mauss se niche également derrière les tout récents RPS (risques psychosociaux), lorsque le salarié développe le sentiment qu'il ne peut plus s'adonner au travail comme il l'entend, lorsque la qualité du travail bien fait se dégrade au point de provoquer chez lui jusqu'à un séisme identitaire. Lorsque le don se tarit, les liens sociaux se délitent, les alliances se brisent au point d'affaiblir le collectif de travail, et l'entreprise se trouve fort dépourvue face aux maux que génèrent ces phénomènes de violence non seulement en externe quand ils proviennent d'un client, d'un fournisseur, mais aussi en interne quand ces violences sont exercées par un collègue ou un supérieur hiérarchique.

Nous nous proposons maintenant, en suivant les quatre étapes du demander-donner-recevoir-rendre, *ou du cycle inverse,* de rendre visibles certains des écueils du don à éviter grâce à des exemples réels présentés à la manière des caractères de La Bruyère ou des fables de La Fontaine, mais en remplaçant son bestiaire par celui des dinosaures, car ils ont l'avantage, au-delà du fait d'être populaires, d'offrir une créativité illimitée en termes d'appellations. Certains noms existent vraiment, d'autres sont détournés pour les besoins de la cause[1]. Ces illustrations sont données de manière systémique selon que l'on cherche à appréhender le don au niveau de l'individu, de l'équipe au sein de laquelle il travaille ou encore de l'organisation dont il fait partie. À travers ces quatre étapes, il nous faut maintenant préciser ce qui dans l'œuvre de Mauss « a pu permettre de découvrir les règles précises selon lesquelles se forment, dans n'importe quel type de société, des cycles de réciprocité dont les lois mécaniques sont désormais connues, permettant l'emploi d'un raisonnement déductif dans un domaine qui paraissait soumis à l'arbitraire le plus complet[2] ».

1. Le seul nom existant réellement est celui de l'Echinodon. Les noms détournés sont ceux du Megalosaurus, du Tyrannosaure Rex, de l'Ankylosaure, du Hypsilophodon, du Diplodocus et du Velociraptor. Les autres n'ont *a priori* pas encore été véritablement découverts, mais la fiction précède souvent la réalité.

2. Cl. Lévi-Strauss, « Introduction à l'œuvre de Marcel Mauss » *in* M. Mauss, *Sociologie et anthropologie*, Paris, PUF, 2001 (9e éd.).

Chapitre 5

# Demander avec les formes

Marcel Mauss n'a jamais terminé sa thèse. Il n'y a rien d'exceptionnel en soi puisque c'est le cas de près de 60 % des doctorants en sciences sociales aujourd'hui. La chose est surprenante toutefois, quand on prend la mesure de sa carrière universitaire et de la portée anthropologique de son œuvre. Et si ce n'était pas un hasard ? Et si l'objet même de sa recherche initiale lui avait fait rater une étape trop évidente car objet de sa quête première, tel celui qui oublie ses lunettes posées sur son nez ? En effet, sa thèse portait sur « la prière », ce qui ne peut qu'évoquer l'art et la manière d'adresser une requête[1]. Il y a là un continuum manifeste avec cette étape de la demande que nous proposons d'ajouter au cycle du donner-recevoir-rendre. Cette première étape, celle de la demande, est certes parfois presque invisible quand autrui nous connaît à tel point qu'il répond à nos attentes sans même que nous ayons besoin de les exprimer. Demander suppose de savoir évoluer finement entre le trop explicite et le trop implicite. Tout l'enjeu consiste à préserver la spontanéité du donateur, à faire en sorte qu'il ait assez de liberté à le faire pour avoir tout simplement envie de le faire. Qu'il subsiste ainsi une marge de jeu dans l'obligation de donner pour répondre à la demande. Comment, donc, bien demander, dans les formes ?

1. Aux dieux ou aux esprits, en l'occurrence.

## 1. Demander n'est pas exiger

Commençons par la mauvaise demande, qui rappelle d'ailleurs celle des enfants qu'on ne cesse de reprendre dans un but éducatif. Combien de fois a-t-on dû répéter inlassablement qu'il faut dire : « S'il te plaît ou s'il vous plaît » avant de pouvoir prétendre à quoi que ce soit ? Et pourtant, il semble que « savoir demander » ou, dit parfois autrement en management, « donner des ordres » nécessite encore des rappels ou des formations à l'âge adulte. Exiger, c'est-à-dire priver l'autre de la possibilité de refuser, c'est instrumentaliser la relation, user ou abuser de son pouvoir afin que l'autre s'exécute. Il s'agit d'amener autrui, par la contrainte, à faire ce qu'il ne ferait pas spontanément de lui-même. Le manager, lorsqu'il outrepasse ce que lui autorise son statut hiérarchique, considère ici son collaborateur en quelque sorte comme un objet, un outil au service de ses aspirations, et cette relation se colore donc d'une finalité essentiellement utilitaire. Quand elle ne sert pas seulement à satisfaire la soif de pouvoir, la *libido dominandi* du dirigeant[1].

1. D'après P. Babiak et R. D. Hare, parmi les dirigeants et les cadres supérieurs, on compte quatre fois plus de personnes manifestant des traits de psychopathie qu'au sein de la population générale, avec une moyenne de 1/25 dans les organisations. *In* « One in 25 business leaders may be a psychopath, study finds », *The Guardian,* 1er septembre 2011. Sur les rapports entre psychopathologies, voir l'article impressionnant du psychanalyste vénézuélien A. Capriles, « Pouvoir et infériorité psychopathique », *Les Cahiers jungiens de psychanalyse,* n° 131, septembre 2010. Accessible en ligne : A. Capriles, « Pouvoir et infériorité psychopathique », *Revue du MAUSS permanente*, 14 décembre 2010, http://www.journaldumauss.net/spip.php?article749

**Exemple 1 : le Tyrannodon Rex**

Le Tyrannodon Rex, dit aussi T-Rex, se retrouve chez les hommes et femmes de pouvoir qui exercent ce dernier sans partage. Ce profil se rencontre chez les managers ayant connu une absence de limites durant leur enfance, au point de perdurer à l'âge adulte dans la toute-puissance et de ne tolérer aucune frustration. Ils ne supportent tout simplement pas qu'on leur dise non. Dans le milieu des cabinets de conseil en stratégie, un Tyrannodon Rex a fini par être « débarqué » par ses associés, atterrés par la démotivation de son équipe, l'absentéisme, le temps perdu à réparer ses dégâts. Un autre cabinet alléché par les « Managers ROI » (*Return On Investment*) se précipita pour le reprendre au vu des potentialités de son carnet d'adresses. Le Tyrannodon Rex sait en effet manifester de la déférence pour ceux qu'il estime puissants (clients et associés) au prorata du mépris qu'il éprouve pour ceux qu'il juge faibles (ses collaborateurs).

L'absence d'empathie du Tyrannodon Rex ne lui permit pas d'apprendre de ses erreurs passées. Comme à son habitude, le nôtre s'évertua dans ce nouveau cabinet à ne jamais demander quoi que ce soit à son équipe avec les formes, mais exigea tout d'un ton péremptoire en considérant tout comme un dû. Quand un collaborateur entra en résistance car il se sentait nié ou chosifié par ses exigences, le Tyrannodon Rex se transforma sans aucun remords de tyran en bourreau : exigences transmises uniquement par mail, fixation d'objectifs impossibles à tenir, allusions déplacées, humiliations et politique de la chaise vide face aux objections... Le Tyrannodon Rex se mit à diviser pour mieux régner si bien qu'autour de lui et sous ses ordres, le chacun pour soi ne tarda pas à devenir la règle. Lors d'une réunion où il annonça que les nouvelles dispositions pour prévenir la grippe imposaient de ne plus se serrer la main, le collaborateur « résistant » demanda si toutefois « à défaut de pouvoir se saluer par-devant, ils pouvaient continuer à s'honorer par-derrière », avant d'officialiser sa démission.

En entreprise, cette relation instrumentale est illustrée par le basculement des managers dans l'autoritarisme.

Ainsi que l'exprimait un délégué du personnel[1] : « D'accord pour travailler *avec* quelqu'un ; ce qui est désagréable est de sentir trop nettement que vous travaillez *sous* quelqu'un. » Manifester son emprise sur les autres par ce pouvoir « sur » implique, selon Mary Parker Follett, l'absence de consultation de leurs savoirs sur la tâche à réaliser, et provoque leur frustration – car « ce qu'ils ne supportent pas, c'est de recevoir des ordres, et non de faire ce qui leur est demandé » –, mais également leur désimplication et leur déresponsabilisation. Le pouvoir n'est en effet légitime que lorsqu'il contribue au *pouvoir de* faire en commun, dans le cadre duquel chacun a le sentiment de donner et apporter sa contribution. Il se corrompt en devenant *pouvoir sur* les autres, qui empêche de faire en commun.

C'est le contraire, d'une certaine manière, de ce que Beauvois et Joule[2] appellent paradoxalement la « soumission librement consentie » en démontrant qu'aucun engagement n'est plus fort que celui dans lequel nous faisons entrer en jeu nos propres convictions. C'est pourquoi, le degré d'adhésion à une décision est proportionnel au degré de participation à son élaboration. Plus nous sentons qu'on nous impose quelque chose contre notre gré, plus cela accroît la résistance que le manager cherche paradoxalement à vaincre en usant de son pouvoir. Pour que nous nous adonnions à la tâche, que nous restions motivés et impliqués, même

1. M. Parker Follett, *Diriger au-delà du conflit,* Paris, Village mondial, 2002. Propos recueillis devant une « Coal Commission » qui siégea durant quatre mois en 1919 pour faire face aux troubles de l'industrie minière britannique.

2. R.-V. Joule et J.-L. Beauvois, *La Soumission librement consentie,* Paris, PUF, 1998.

si nous nous sentons obligés dans une certaine mesure, il faut avoir le sentiment d'être libre de faire ou de ne pas faire. Un collaborateur veut comprendre ce qui motive la règle et pourquoi elle s'applique à son cas, car une décision imposée peut être inique, et une règle obligatoire injuste. Parce que trop obligatoire, justement. Le don ne vaut que pour autant qu'il pourrait ne pas être fait. Quelle valeur accorderions-nous à un cadeau donné seulement par obligation ? Ce ne serait pas ou plus un cadeau. Il ne garderait que son hypothétique utilité, sa *valeur de bien*, mais il perdrait toute *valeur de lien*.

**Les exceptions qui confirment la règle (quand il est possible d'exiger)**

- Lorsqu'une décision urgente et vitale doit être prise ou que des actions indiscutables touchant à la viabilité ou à la sécurité d'une organisation doivent être mises en œuvre.
- Pour faire front à ceux qui abusent des dons offerts et s'abstiennent de rendre.

## 2. Ne pas savoir demander, c'est attendre

Inversement, bon nombre de personnes n'osent pas demander. C'est l'exact inverse de l'exigence, puisqu'il ne s'agit plus d'un défaut d'empathie mais d'un manque d'assertivité, de capacité à faire valoir ses intérêts, ses valeurs, ses désirs ou ses droits. Dès lors, la demande apparaît dissimulée ; moins que subtile, elle peut être tacite. Par exemple, à table, une exigence pourrait être formulée par « Passe-moi le sel ! », tandis qu'une demande tacite donnerait lieu à une formule de ce genre : « Tu ne trouves pas que cela manque de sel ? » Au travail, une exigence s'exprime par : « Avec tout ce que j'ai investi dans cette mission, vous me devez une augmentation », tandis qu'une demande tacite peut donner lieu à un reproche du type : « Je crois que cela fait longtemps que je touche le même salaire. » C'est une demande qui n'est pas formulée comme telle et qui fait entrer l'interlocuteur dans des jeux de dupe où il devine ou ressent parfois l'insistance d'une demande implicite qui, à aucun moment, n'est clairement et explicitement formulée. En l'espèce, celui à qui cette demande tacite est formulée peut l'ignorer facilement en n'entrant pas dans le jeu et en se contentant par exemple de répondre : « C'est possible ! » À défaut, répondre favorablement à une demande tacite, c'est prendre le risque de tomber dans le piège d'une manipulation car le demandeur peut *in fine* ne pas se sentir redevable en rétorquant qu'il n'avait rien demandé. C'est une des tactiques assez répandue en réunion que de laisser planer un long silence après avoir juste glissé : « Ce serait bien qu'on ait un compte rendu. » C'est une manière de repasser le « singe » à une « victime volontaire » sans contracter la moindre dette envers elle.

**Exemple 2 : le Timoraudon**

Le Timoraudon sait largement donner mais demeure timoré dans ses demandes. Il éprouve une sainte horreur pour le conflit en général car il s'angoisse facilement à l'idée de blesser quelqu'un ou de mettre en danger la relation à l'autre. Sa capacité d'empathie l'amène parfois à s'oublier lui-même et à accorder trop d'importance aux réactions des autres. Un Timoraudon en a récemment fait douloureusement les frais avec son chef. Alors qu'il dépassait les attentes de sa hiérarchie, il se prit légitimement à rêver de promotion interne dans son entreprise du secteur des médias et télécommunications. Ce d'autant que son potentiel rival pour le poste convoité était bien moins performant. Ce Timoraudon prit même l'initiative d'inviter son chef au restaurant pour faciliter les échanges et manifester sa motivation au sein de l'équipe.

Cependant, à aucun moment, le Timoraudon ne déclara sa flamme pour le poste visé car cela « allait sans dire ».
Quelles ne furent pas sa surprise et sa fureur d'apprendre que le rival autrefois sous-estimé avait été choisi à sa place. Et quand, par ses collègues, le Timoraudon essaya de saisir les motivations de son chef, l'abattement succéda à sa torpeur. Le chef indiqua qu'il avait été déçu que le Timoraudon ne se positionne pas sur le poste au moment de son ouverture à candidature. Il avait espéré que le Timoraudon lui expose ses choix de carrière lors du déjeuner passé ensemble, mais il n'en avait rien été. Seul le passé avait été évoqué, mais il n'en était ressorti aucune projection sur l'avenir, ce qui manifestait pour lui un manque d'ambition. C'est ainsi que le Timoraudon vit parfois des déceptions en espérant que ses interlocuteurs « extralucides » sauront saisir ses désirs sans qu'il ait besoin de les exprimer.

Entrer en relation, c'est accepter de demander formellement quelque chose à quelqu'un. Cette démarche est paradoxalement loin d'être la plus évidente car toute demande s'expose à un refus et c'est donc le moment qui exige le plus de confiance en l'autre, le solliciteur s'exposant à perdre la face. Bourdieu[1] rapporte ainsi par exemple que, en Kabylie, « le commerçant auquel on demande de faire crédit se doit de l'accorder, parce qu'il n'ignore pas l'épreuve extrêmement rude à laquelle a été soumis l'honneur de son solliciteur, contraint, pour satisfaire aux besoins primordiaux de sa famille, de faire une démarche déshonorante […] : Je me couvre de déshonneur, ne me déshonore pas ». Accepter d'être le débiteur de quelqu'un, au-delà du transfert de biens, c'est essentiellement se lier à lui, s'engager à le revoir pour lui rendre en retour. Plus il y a de dons et de contre-dons dans une relation, plus la relation dure longtemps ; plus cet « investissement » est lourd, plus il devient coûteux d'y mettre fin.

1. P. Bourdieu, « La fabrique de l'habitus économique », *Actes de la recherche en sciences sociales*, n° 150, décembre 2003.

Quand la relation est bien établie, le fait de ne pas oser demander sera vécu comme une marque de défiance : « Tu aurais dû me demander ! » Derrière ce reproche est sous-entendu : tu n'oses pas me demander car tu ne souhaites pas me devoir et donc me revoir. C'est donc que tu m'évites ou ne m'apprécies pas assez pour préférer t'en sortir par toi-même ou demander à quelqu'un d'autre en qui tu as davantage confiance. Et il est fréquent d'observer ainsi, au sein des équipes, des crises de jalousie dues au fait qu'une personne a demandé de l'aide à l'un plutôt qu'à l'autre[1].

**Les exceptions qui confirment la règle (quand il est possible d'attendre)**

- Lorsque les usages sont suffisamment installés et connus de tous pour avoir l'assurance de recevoir quand son tour viendra sans qu'il y ait besoin de demander.
- Pour s'assurer que l'autre nous apprécie, qu'il nous connaît suffisamment pour avoir repéré nos goûts et nos attentes

1. Le célèbre psychanalyste O. Mannoni s'est beaucoup intéressé dans son livre *Psychologie de la colonisation* (Paris, éd. du Seuil, 1951) aux mécanismes par lesquels un colonisé désigne un colonisateur comme son donateur par excellence : « Tu seras mon Blanc. » Voir sur ce livre et toutes les polémiques qu'il a suscitées la passionnante synthèse de F. Vatin, « La dépendance, un débat à l'aube de la décolonisation », dans son livre *L'Espérance-monde. Essai sur l'idée de progrès à l'heure de la mondialisation*, Paris, Albin Michel, 2012. Autre exemple de piège relationnel, inverse du défaut de demande, le célèbre mécanisme dit du « pied dans la porte » qui se pratique au moins en deux étapes : d'abord formuler une demande peu engageante « Tu peux me rendre un petit service ? » ou encore « T'as une minute ? » ; puis une deuxième étape au cours de laquelle « une requête est explicitement adressée au sujet l'invitant à émettre une nouvelle conduite, cette fois plus coûteuse et qu'il n'avait que peu de chances d'émettre spontanément ». Les demandes de ce type génèrent naturellement un certain agacement, car il est difficile de s'y soustraire et elles minorent d'emblée le don qui nous est demandé.

sans qu'il soit besoin de demander. Il s'agit alors de préserver l'effet « surprise », de valoriser le « geste » et la spontanéité du don.

## 3. Qui ne demande rien n'a rien

Venons-en maintenant à la demande nécessaire et à ses vertus. Comme l'a montré Mauss : être en lien, c'est être en dette. Mathématiquement, celui qui ose demander le plus, qui souscrit le plus de dettes, devrait créer le plus de liens. Cette assertion ouvre d'autant plus de perspectives que l'on sait, par ailleurs, que chaque personne rencontrée dispose en moyenne, à elle seule, de 300 relations[1]. Chaque nouvelle relation crée ainsi un potentiel démultiplicateur pour construire un réseau qui, par son étendue, sa taille et sa densité, pourra fournir du temps et des ressources à l'accomplissement de sa vie personnelle et professionnelle. Ce capital social irait même jusqu'à expliquer principalement pourquoi certains ont plus de chance que d'autres[2]. Ces liens permettent en effet de mobiliser un certain nombre d'acteurs pour obtenir soutien et aide dans la réalisation de ses propres intérêts, saisir les opportunités et surmonter les coups durs.

À la question : « Pourquoi certain(e)s obtiennent-ils (elles) plus que d'autres ? », voici les quelques réponses qui ressortent d'une enquête réalisée auprès de 600 cadres

1. R. Wiseman, *Notre capital chance. Apprendre à l'évaluer et à le développer*, Paris, J. C. Lattès, 2003.

2. La notion de capital social a généré une énorme littérature mondiale. On trouvera une approche historique et synthétique dans l'ouvrage collectif dirigé par A. Bevort et M. Lallement, *Le Capital social. Performance, équité et réciprocité*, Paris, La Découverte/MAUSS, 2006.

d'entreprise[1]. Nous mettons en exergue quelques chiffres et données qui confortent ce qui a spontanément été exprimé.

---

| **Pourquoi certain(e)s obtiennent plus que d'autres ?** | **Quelques données** |
| --- | --- |
| Ils osent demander et savent ce qu'ils veulent.<br>Ils aiment demander et le font plus souvent.<br>Ils sont au bon endroit au bon moment, ils sont opportunistes et plus politiques.<br>Ils sont de sexe masculin. | Ne pas oser demander d'augmentation salariale durant toute sa carrière génèrerait un manque à gagner de près d'un million de dollars ! D'après Babcock & Laschever[2], les hommes oseraient en moyenne demander quatre fois plus que les femmes. |
| Ils parlent le langage de l'autre. Ils s'interrogent sur ce qui amènerait l'autre à dire oui et connaissent ses attentes.<br>Ils se préparent et sont convaincus de la légitimité de leur demande.<br>Ils demandent quelque chose de réaliste et savent ce que l'autre peut donner.<br>Ils sont plus créatifs et plus convaincants. | Il est couramment admis que 90 % du succès d'une demande à forts enjeux réside dans la préparation. Il a été démontré que la capacité à créer un bon climat et à faire bonne impression dans les cinq premières minutes de l'entretien[3] génère des écarts en termes de succès de l'ordre de 30 %. |

1. Atelier sur le don/contre-don mené avec R. Pérez Nückel (AlterNego) en décembre 2011, 2012 et octobre 2013 dans le cadre du Programme EVE : « Oser être soi pour pouvoir agir ». Sur une idée originale de Danone, les entreprises partenaires étant le Crédit Agricole, KPMG, L'Oréal, la SNCF, Schneider Electric et Orange. Les entreprises représentées étaient Accor, Alstom, Bel, CDC, EDF, Essilor, Google, McDonald's, Sanofi, Société Générale, PSA, Yoplait…

2. L. Babcock et S. Laschever, *Women Don't Ask : The High Cost of Avoiding Negotiation*, New York, Bantam, 2009.

3. J. R. Curhan et A. Pentland, « Thin slices of negotiation : predicting outcomes from conversational dynamics within the first 5 minutes », *Journal of Applied Psychology*, 2007, vol. 92, n° 3.

Ils sont en capacité
de renvoyer l'ascenseur.
Ils ont quelque chose
à proposer en retour.
Ils réfléchissent aux contreparties
et savent faire des concessions.
Ils ont le temps et les moyens.
Ils entretiennent la relation,
ils savent recevoir et rendre.
Ils n'ont pas peur de perdre
et tiennent leurs engagements.

D'après la fondation de France[1], « les personnes ayant des revenus inférieurs à 1 000 € par mois ont 4 fois plus de risque d'être en situation d'isolement objectif que celles ayant des revenus supérieurs à 4 500 € ». Au-delà de l'exclusion objective de toute forme de réseau social qui touche 9 % de la population, « *près d'un Français sur quatre se dit exposé à la solitude et à l'isolement* ».

Ils sont plus beaux, ils ont
du charme ou du charisme.
Ils sont confiants et attirent
davantage la sympathie.

D'après Hamermesh[2], une personne peu favorisée physiquement gagnerait entre 5 et 10 % de moins en général qu'une personne pourvue d'une beauté physique standard.

Ils sont plus compétitifs, plus persévérants, plus pugnaces, plus difficiles à vivre.
Ils savent se faire des alliés et
n'hésitent pas à entrer en conflit.
Ils ont du pouvoir et n'hésitent
pas à l'utiliser.

Il existe effectivement une « prime aux emmerdeurs[3] » qui touchent en moyenne un salaire de 18 % supérieur à ceux de leurs collègues qui montrent davantage de confiance, de franchise, d'altruisme, de respect, de modestie et de sensibilité envers les autres.

---

1. *Les Solitudes en France en 2010*, Paris, Fondation de France, juillet 2010.

2. D. S. Hamermesh, *Beauty Pays : Why Attractive People Are More Successful,* Princeton, Princeton University Press, 2011.

3. T. A. Judge, B. A. Livingston et Ch. Hurst, « Do nice guys – and gals – really finish last ? The joint effects of sex and agreeableness on income », *Journal of Personality and Social Psychology*, vol. 102(2), février 2012. Une discrimination subsiste entre les hommes et les femmes antipathiques, puisque chez les hommes, cela représente

Ces éléments de réponse ne sont pas tous connotés positivement car, comme le résume Yvon Deschamps[1], il « vaut mieux être riche et en bonne santé que pauvre et malade » pour développer son réseau social. Pourtant, nous avons vu que ce qui circule dans le don et le contre-don n'est pas nécessairement coûteux au départ. Il peut s'agir de donner de son temps, des conseils, de l'information, de partager ses états d'âme, des moments privilégiés… Cependant, s'investir dans la relation à l'autre génère une forme d'escalade du don qu'il faut pouvoir assumer, notamment en demeurant en capacité de rendre, ce qui n'est pas… donné à tout le monde. Parmi les cinq séries de facteurs énumérés dans ce tableau, qui font que certain(e)s obtiennent plus que d'autres, retenons toutefois que les leviers sur lesquels il est le plus facile d'agir sont ceux qui consistent à oser demander (travail sur soi), à savoir s'y prendre (travail de préparation) et à persévérer tout en préservant la relation (travail sur l'autre). Cela conforte le proverbe « Qui ne demande rien n'a rien ». Ou pas grand-chose !

---

en moyenne 7 000 euros de plus par an alors que chez les femmes 1 300 euros de plus par an.

1. Y. Deschamps, *L'argent… ou le Bonheur*, 1969, Polydor, 542-508.

Chapitre 6

# Donner à bon escient

Donner est certainement l'acte le plus chargé d'ambivalence. La vision archaïque du don va à l'encontre des croyances chrétiennes les plus répandues qui font du don une initiative privée et désintéressée. Depuis que saint Thomas d'Aquin (1225-1274) a considéré la charité comme l'incarnation de toutes les vertus théologales, c'est-à-dire la Vertu qui vient de Dieu et qui a Dieu pour objet, le véritable don est un acte supposé ne rien attendre en retour. Il ne viserait rien d'autre qu'à vouloir faire le bien d'autrui. Les démonstrations de Mauss s'inscrivent en faux contre cette conception du don. Comme le dit ce proverbe, « on ne donne rien pour rien ». Mais, à l'inverse, cela ne signifie pas que la visée du don soit toujours ou même principalement utilitaire et instrumentale. *A minima*, sa finalité est de créer du lien social, de développer une bonne image de soi ou encore de se sentir mieux face à une situation de détresse qui nous touche. Penser le contraire peut même paraître suspect, car le fait de donner engage non seulement celui qui donne, mais aussi celui qui reçoit. Mise dans l'incapacité de rendre, une personne bénéficiaire d'un don peut vivre la situation comme une forme d'aliénation.

Dans un très court article, complémentaire à l'*Essai sur le don*, intitulé « Gift-gift », Mauss observe ainsi que, dans les langues germaniques anciennes, c'est le même mot, *gift*, qui désigne à la fois le don et le poison. Comme le montre le linguiste Émile Benveniste, on trouve la même ambivalence dans le grec *dosis*, qui signifie, là encore, à la fois le don et la dose de médicament ou de poison. Même chose encore dans le *pharmakon* grec ou la *potio* latine, qui est à la fois le poison et la potion du pharmacien. Il faut en déduire que, selon l'intention qui préside à l'acte de donner, et la manière dont il est fait et reçu, le don peut être la meilleure ou la pire des choses. En fonction de la dose administrée, le remède ou le poison, ce qui soigne ou ce qui tue.

## 1. Donner n'est pas écraser

Un nouveau détour par le don archaïque éclairera cette ambivalence du don. Mauss a mis en évidence que la chose donnée véhicule une partie de l'âme du donateur, que ce soit le *hau* des Maoris, « l'esprit de la chose donnée », ou le *mana* des Polynésiens. Le donataire qui ne serait pas en capacité de rendre pourrait y perdre son âme et la vie car l'âme du donateur exercerait alors des représailles. Cette ambivalence du don explique l'un des épisodes qui défraya la chronique à la fin du XVIII^e^ siècle en France, l'expédition menée par Jean-François de La Pérouse, commandant des deux fameuses frégates *La Boussole* et *L'Astrolabe*[1]. Cette expédition autour du monde destinée à achever l'exploration des mers était exceptionnelle par ses enjeux et les moyens scientifiques déployés. Le 11 décembre 1787, abordant Maouna (île de Samoa), des chaloupes et des canots furent mis à la mer pour opérer le ravitaillement en eau. Comme il avait

1. L'expédition disparut corps et biens en 1788 à Vanikoro (îles Vanuatu), trois ans après son départ de Brest.

coutume de le faire, le capitaine en second, Paul Fleuriot de Langle, offrit des perles de pacotille aux chefs indigènes, mais cette remise des présents provoqua sa mort ainsi que le massacre d'une dizaine de membres de son équipage. De nombreuses scènes de carnage semblables ont été rapportées dans les premiers temps de la découverte de l'Océanie. Ces faits s'expliquent, sans nul doute, par la méconnaissance des usages du don/contre-don. Avaient-ils trop donné ? Ou à contretemps ? D'une certaine manière, Nicolas Fouquet, surintendant du Roi, subit le même sort (embastillement à vie) pour avoir donné au jeune Louis XIV, en son château de Vaux-le-Vicomte, une réception dont la magnificence lui fit offense. C'est ce qui fit écrire à Voltaire au sujet de cette réception de 1661 : « Le 17 août, à six heures du soir, Fouquet était le roi de France ; à deux heures du matin, il n'était plus rien. »

**Exemple 3 : le Megalodon**

Le Megalodon se caractérise par la volonté immodérée d'être admiré. Sa manière de dominer est subtile car il semble généreux dans les dons prodigués à son entourage. À un détail près qui s'avère à l'usage redoutable : il refuse de recevoir car il cherche avant tout à maintenir en dette. Sa proie à jamais reconnaissante reste ainsi pour toujours captive. Il aplatit tout sur son passage en générant des créances irremboursables et veille à ce que ses dons ne soient ni refoulés ni minimisés. Le dirigeant d'un cabinet d'avocats avait ainsi par exemple pris l'habitude d'offrir à ses proches collaborateurs la possibilité de se rendre gratuitement dans sa résidence secondaire. Ceux qui acceptaient entraient ainsi dans son intimité et par là même se plaçaient imperceptiblement sous sa coupe. La relation professionnelle se mâtinait dès lors d'une relation plus personnelle et privée.

Il dissuadait ensuite ses « obligés » de tenter toute forme de contre-don, qu'il vivait comme une insulte à la « gratuité » de ses largesses. Donner sans retour possible était pour lui le levier pour conforter son autorité et au-delà une forme d'emprise. Il fascinait ses collaborateurs par son autosuffisance et sa capacité à vampiriser son entourage. Si l'un d'eux voulait s'affranchir de cette relation toxique et le quitter, le Megalodon entrait dans des accès de rage effroyables, se montrait méprisant et culpabilisait son interlocuteur : « Avec tout ce que j'ai fait pour toi, je t'ai nourri, je t'ai offert mon toit… et tu me plantes un couteau dans le dos ! Comment peux-tu encore te regarder dans un miroir le matin avant de venir me voir ? »

Comme l'épisode du *potlatch* l'a montré, une personne qui ne peut pas « rivaliser » face à un don qui lui est fait se retrouve sous l'emprise du donateur et peut se sentir (voire, dans l'Antiquité, devenir réellement) esclave, au point de songer à disparaître. Donner est un acte d'une très grande force. D'une certaine façon, le donataire se sent méprisable à la hauteur de ce qu'il est en incapacité de rendre. Écraser l'autre par sa générosité, c'est une manière d'en faire son obligé. Obligé, il faut entendre le mot en son sens fort. La force et le pouvoir sont en effet du côté de celui qui donne. C'est pourquoi, plus nous donnons, plus nous nous devons de rester modeste et de minimiser l'importance du don fait pour qu'il soit accepté. À défaut, il sera vécu comme une manière d'imposer un pouvoir ou de tenter de le légitimer. Mauss signalait déjà que le donateur archaïque insistait pour dire que ses dons étaient dérisoires, indignes du donataire. Donner quelque chose que l'autre considère comme trop précieux pour se libérer de sa dette est vécu comme une aliénation, une manière de lui voler son âme. Le massacre est un moyen de se libérer du joug ainsi manifesté par le donateur. Comme le dit le maître d'armes du *Bourgeois gentilhomme* de Molière : « Tout le secret des armes ne consiste qu'en deux choses, à donner et à ne point recevoir. » Il est toujours d'usage de donner « sans trop » d'ostentation, voire de nier la valeur du don : « Ce n'est rien », « n'importe qui l'aurait fait ». C'est pourquoi, dans la mesure où donner est une marque d'autorité ou de puissance, l'enjeu est surtout de ne pas faire perdre la face au donataire. Peu importe que l'intention du donateur soit généreuse si l'impact est néfaste ou toxique sur le donataire. Trop donner, c'est ignorer le besoin et la capacité de rendre du donataire. En ne lui laissant pas cette place, on rompt l'échange et donc le lien.

**Les exceptions qui confirment la règle (quand il est possible d'écraser)**

- Lorsqu'il faut déterminer qui sera le (la) chef(fe) et que les usages veulent que le « prince » qui sera désigné comme au temps jadis assujettisse ses rivaux par ses assauts de libéralités.
- Lorsqu'une fois désigné, le ou la chef(fe) cherche à défendre son statut et à dissuader ceux qui veulent être « calife à la place du calife ».

## 2. Ne pas savoir donner, c'est retenir

Pour autant, donner c'est aussi accepter de devenir créancier dans une certaine mesure, mais sans garantie d'un éventuel retour. Donner, c'est donc miser sur une relation tout en acceptant la possibilité de perdre sa mise. Dans la grande majorité des situations, la valse du don, dont le quatrième temps est l'obligation de rendre, fait que la perte momentanée rapporte au donateur *in fine*. D'où le soupçon récurrent qui plane sur le don et qui conduit à ne voir en lui que de l'intérêt masqué. Or, le plus souvent, il n'y a de retour « intéressant » que si le don a été effectué de manière en partie effectivement désintéressée ! Mais quand cela n'est pas le cas, que le doute s'immisce dans le don, la tentation peut être grande de vouloir récupérer son don. Un jeune raconte ainsi avoir repris un objet qu'il avait offert à un collègue après avoir surpris ce dernier à le dénigrer devant la machine à café. Non seulement, la reprise du don fut perçue par son collègue comme une rupture relationnelle en bonne et due forme, mais l'ensemble de l'équipe lui fit des remontrances pour avoir violé les règles élémentaires de la bienséance. « Donner, c'est donner, reprendre c'est voler. » Cette morale a longtemps résonné à nos oreilles d'enfants. Une fois donnée, la chose ne nous appartient plus, irrévocablement. C'est d'ailleurs l'une des premières règles de sociabilité que les enfants apprennent entre un et trois ans afin de bien distinguer ce qui relève du prêt, transitoire, et ce qui relève du don, où il est impossible de faire machine arrière. C'est la règle d'or qui transforme le don en gage de confiance et préserve les liens.

**Exemple 4 : l'Harpadon**

L'Harpadon, avare de ses dons, « perd beaucoup pour ne vouloir rien perdre[1] ». Il se rencontre en particulier sous les traits du manager, qui veut tout faire et ne donne pas grand-chose à faire à son équipe. « "Donner" est un mot pour lequel il a tant d'aversions, qu'il ne dit jamais : "Je vous donne" mais "Je vous prête" » ce dossier et lorsqu'un collaborateur prétend toucher à ses prérogatives ou ses attributions, il s'exclame[2] : « Au voleur ! Au voleur ! À l'assassin ! Au meurtrier ! Justice, juste Ciel ! Je suis perdu, je suis assassiné... » Et ce, malgré des séminaires de formation où sont prônées les vertus de la délégation : les vertus pour le manager lui-même, qui pourra ainsi gagner du temps et se redéployer sur les tâches stratégiques ; les vertus pour l'équipe qui se trouve responsabilisée et mobilisera davantage ses compétences et ses prises d'initiative.
Tout cela avait bel et bien été compris par ce directeur des systèmes d'information d'un grand groupe du secteur des transports.

1. J.-J. Rousseau, *Émile ou De l'éducation*.
2. On aura reconnu naturellement deux extraits de *L'Avare* de Molière.

Il avait d'ailleurs pris de bonnes résolutions, en commençant par définir dans son quotidien les tâches qu'il n'aimait guère. Son équipe fut agréablement surprise de cette démarche car l'Harpadon ne fait pas facilement confiance et affiche un naturel très possessif quant à ses attributions. En effet, ce directeur avait le plus grand mal à accepter que quelqu'un puisse faire aussi bien que lui ou différemment. C'est pourquoi il ne délégua jamais vraiment tout à fait car le niveau de détail des tâches de ses délégations était tel que ses collaborateurs n'avaient *in fine* aucune capacité de décider ou d'être créatifs bien qu'étant au plus près des problèmes à résoudre. Ce qui le conforta d'ailleurs dans l'idée qu'il perdait plus de temps à déléguer ou à demander quelque chose qu'à le faire lui-même. Ainsi agissait cet Harpadon en homme-orchestre qui ne donnait rien véritablement et voulait tout contrôler. Il s'enorgueillissait par exemple d'avoir les plus gros parapheurs de l'entreprise. L'Harpadon ne se sent pas valorisé par le fait de manager son équipe, mais par le fait de montrer qu'il sait tout faire et a plus de choses à faire que tout le monde.

À cet égard, cet adage du droit, toujours en vigueur même s'il remonte au droit romain, ne dit pas autre chose : « Donner et retenir ne vaut. » L'exception à cette règle, représentée par la bague de fiançailles, est savoureuse et révélatrice. Si et seulement si c'est un objet appartenant à la famille du fiancé, ce dernier pourra le récupérer en cas de rupture. Le droit distingue ainsi parmi les dons, ce que le psychiatre américain Iván Böszörményi-Nagy[1] appelait le « patrimoine narratif » attaché au don. Une bague peut être plus qu'une bague, car, à la manière du couteau du grand-père, elle véhicule le récit de sa transmission et des souvenirs attachés[2]. Accepter un tel don,

1. I. Böszörményi-Nagy et B. Krasner, « La confiance comme base thérapeutique : la méthode contextuelle », *Dialogue*, n° 11, p. 3-20, 1991.

2. J. T. Godbout a commenté ainsi dans plusieurs textes cette phrase d'un de ses enquêtés : « Le vase, c'est ma tante. » J. Godbout et A. Caillé, *L'Esprit du don*, Paris, La Découverte, 1992.

c'est en être simplement le dépositaire, en quelque sorte le gardien avant de le transmettre à son tour à quelqu'un qui s'en révélera digne.

Toute la difficulté tient en ce que la plupart des organisations considèrent que la théorie des choix rationnels suffit à expliquer l'action humaine. Or, le don échappe au calcul des gains ou des pertes potentiellement générés, le cœur se mêle très largement à la raison. C'est là que se situe tout le paradoxe de Carnegie[1], selon lequel « pour réussir en affaires, il faut non seulement valoriser l'autre, mais le faire "sincèrement" ». Pour se faire des amis, il faut « les aimer vraiment ». Valoriser l'autre par des compliments, son écoute, sa présence, des coups de main, des petits cadeaux… est nécessaire pour animer une équipe ou gérer un projet, mais cela doit être authentique, sans calcul… Il faut le faire car c'est utile mais sans intentionnalité utilitaire. Il convient d'accepter de pouvoir perdre pour pouvoir gagner, mais si c'est dans la seule intention de gagner, alors nous ne gagnerons pas. Ou alors un moment d'indignité… Dans un contexte particulier, il s'agit pour chacun de donner ce qu'il peut donner et de bonne grâce. C'est ce que résumait déjà Corneille[2] lorsqu'il écrivait que « la façon de donner vaut mieux que ce qu'on donne ».

**Les exceptions qui confirment la règle**
**(quand il est possible de retenir)**

- Lorsque ce qui est donné appartient à un collectif qui nous a rendu dépositaire de l'objet ou d'une attribution pour un temps limité même si indéfini.

1. Publié en 1936 sous le titre original : *How to Win Friends and Influence People*, ce livre de D. Carnegie s'est vendu à plus de 45 millions d'exemplaires.

2. Corneille, *Le Menteur*, acte I, scène 1, 1643.

- Lorsque ce qui est donné, avant d'être donné tout à fait, nécessite que le donataire ait prouvé qu'il pouvait s'en montrer digne (par exemple, qu'il sache s'en servir, en fasse un usage raisonné et/ou pas seulement pour son propre compte...).

## 3. Donner sans condition comme gage de confiance

En définitive, le don est un pari de confiance. Prenons un exemple pour illustrer cette proposition. Soit deux complices d'un crime, incarcérés par un juge retors dans des conditions telles qu'ils ne puissent pas communiquer entre eux. Le juge leur met en main le marché suivant : celui qui dénoncera l'autre sera libéré si l'autre ne le dénonce pas, et ce dernier fera dix ans de prison. Si aucun d'eux ne dénonce l'autre, ils feront chacun six mois de prison. S'ils se dénoncent l'un l'autre, ils feront tous les deux cinq ans de prison. On aura reconnu le célèbre dilemme du prisonnier qui a suscité une gigantesque littérature depuis plus de cinquante ans en science économique, en philosophie politique, mais aussi en sociologie ou en biologie. Il démontre en somme l'irrationalité collective de la rationalité instrumentale de l'*Homo œconomicus*, cette rationalité instrumentale posée comme un axiome indépassable par la science économique standard. En effet, dès lors qu'aucun des prisonniers ne fait confiance à l'autre, la seule solution « rationnelle » est qu'ils se dénoncent ou s'accusent mutuellement. Ils écoperont alors de cinq ans de prison, tandis qu'ils ne feraient que six mois s'ils se faisaient confiance, autrement dit s'ils sortaient de la rationalité instrumentale en faisant le pari que l'autre fera de même.

| | | Suspect A | |
|---|---|---|---|
| | | Se tait | Dénonce |
| Suspect B | Se tait | 6 mois / 6 mois | 10 ans / 0 |
| | Dénonce | 0 / 10 ans | 5 ans / 5 ans |

Un pari, c'est bien de cela qu'il s'agit. Toute la littérature qui a suivi la formulation initiale du dilemme du prisonnier par Albert W. Tucker s'est évertuée à essayer de démontrer que des hommes économiques rationnels, c'est-à-dire égoïstes, peuvent dans certaines conditions accéder à une solution « coopérative », c'est-à-dire réellement rationnelle. Robert Axelrod[1] a démontré, en modélisant ce fameux dilemme, que la stratégie gagnante sur la durée consistait à appliquer le principe de la réciprocité absolue de manière « bienveillante, susceptible, indulgente et transparente ». En clair, il s'agit de commencer par donner et de poursuivre tant que l'autre donne en retour, de rendre coup pour coup, « œil pour œil », si l'autre fait cavalier seul de manière injustifiée et de faire preuve d'indulgence après avoir riposté à une provocation. Plus généreuse est la stratégie du « un œil pour deux yeux », qui, à la différence du donnant-donnant, ne punit pas les défections isolées et accorde davantage le bénéfice du doute. Conseil plus facile à formuler qu'à appliquer toutefois, car si cette stratégie est optimale en théorie, il faut compter sur la mémoire de l'homme qui a la rancune tenace et qui, une fois qu'il s'est senti trahi,

1. R. Axelrod, *Comment réussir dans un monde d'égoïstes : théorie du comportement coopératif*, Paris, Odile Jacob, 2006.

n'a plus le même désir de donner et coopérer. Afin de prévenir la défection, Axelrod recommande « d'augmenter l'ombre portée par l'avenir sur le présent », c'est-à-dire de faire en sorte d'alourdir les répercussions futures pour le donataire (sanction, exclusion...). Pour autant, comme l'avait déjà parfaitement dit Durkheim, « on ne peut pas transformer des égoïstes en altruistes ». Autrement dit : on ne peut pas d'une part postuler que les sujets humains sont de purs égoïstes et faire par ailleurs l'hypothèse qu'ils pourraient, à un moment quelconque, commencer à se comporter comme s'ils ne l'étaient pas.

Le don agonistique décrit par Mauss évoque une situation du type de celle du dilemme du prisonnier. Dans le cycle des guerres et des vengeances où tous les torts sont imputés à l'autre, il n'existe aucune raison « rationnelle » de croire en une paix possible. Et pourtant, si on veut en sortir, il faut commencer par s'extraire du cercle de la seule rationalité instrumentale à court terme, et prendre l'initiative d'un don en faisant le pari que l'autre saura le recevoir et le rendre. Le don est un pari de confiance, un pari sur la confiance. Mais c'est un pari précaire et incertain, qui explique l'atmosphère de tension et d'hostilité, si caractéristique de ces dons agonistiques. C'est qu'à tout moment on peut rebasculer dans la vraie guerre. On n'est jamais sûr que ceux qui vous ont invité à leur fête ne l'aient pas fait pour vous cribler de flèches plutôt que dans l'intention d'approfondir les liens d'amitié. Mais il faut courir le risque. Car si personne ne le court, tout le monde sera perdant.

Pour cette raison, parce qu'aussi longtemps que la société commune n'est pas pleinement instituée, on ne peut jamais être pleinement assuré de la bonne foi et de la fiabilité des autres, il faut en quelque sorte en rajouter sur les dons initiaux en mettant en scène une dimension d'absolue inconditionnalité de l'amitié, de pur désintéressement. Comme l'écrit Mauss, dans cette situation d'incertitude entre la guerre et la paix, il n'y a que deux solutions : « se défier absolument ou se confier absolument ». Et si l'on fait le choix de la confiance absolue, alors il faut tout donner, en accédant à toutes les demandes adressées par l'autre. La moindre réticence fait réapparaître aussitôt le soupçon et donc le risque de rebasculer dans la guerre.

Retenons donc l'idée qu'aucune alliance et donc également aucune organisation ne peut se former et fonctionner sans une part d'engagement et d'adhésion inconditionnels. Sans un moment créateur, instituant, dans lequel tous les comptes sont suspendus. Ce n'est qu'une fois l'alliance scellée, la communauté politique instituée, l'organisation acceptée en son principe, la confiance première obtenue, qu'il sera possible, après, de commencer à entrer dans les considérations d'utilité et d'efficacité fonctionnelle et de faire les comptes. Chacun alors pourra légitimement se demander ce qu'il gagne ou ce qu'il perd dans l'affaire, et entrer dans le registre de la conditionnalité. Pour revenir au football et à l'organisation, nous le verrons, s'il ne se forme pas un sentiment d'adhésion un tant soit peu durable et inconditionnel, alors rien ne peut marcher, même pas les simples échanges donnant/donnant.

Chapitre 7

# Recevoir avec gratitude

Accepter de recevoir, c'est accepter d'être en dette et rien n'est moins simple. Si donner témoigne d'une certaine liberté : « Tiens, je te le donne, spontanément », recevoir génère au contraire une certaine obligation : « D'accord, mais à charge de revanche alors ! » Cette problématique est admirablement dépeinte par Labiche dans *Le Voyage de Monsieur Perrichon*. Ce dernier part en famille dans les Alpes et se retrouve accompagné malgré lui par les deux jeunes soupirants de sa fille, Armand et Daniel. Durant une balade vers la mer de Glace, M. Perrichon glisse dans une crevasse et Armand le sauve d'une chute mortelle. M. Perrichon ne lui en voue qu'une reconnaissance des plus modérées. Son rival Daniel monte alors un stratagème pour faire en sorte que M. Perrichon ait le sentiment de l'avoir sauvé à son tour lors d'une autre escapade. Dans le premier cas de figure, M. Perrichon minimise le poids de sa dette envers Armand et développe même une certaine rancœur envers son bienfaiteur. Tandis qu'il poussera au contraire Daniel, dans les bras de sa fille car ce gendre affecte de lui vouer une gratitude éternelle et sait lui rappeler combien il a été courageux, jusqu'à ce que le pot aux roses soit découvert… La morale de cette histoire est écrite par Aristote : « Les bienfaiteurs aiment plus vivement, semble-t-il, leurs obligés que ceux-ci n'aiment ceux qui leur ont fait du bien. »

Pour Norbert Alter[1], il y a deux manières de ne pas recevoir un don : « La première consiste simplement à refuser l'offrande, à se priver de la chose donnée et donc à s'épargner le sentiment "d'obligation", de dette qui résulterait de son acceptation. La seconde est plus ambiguë : elle consiste à accepter le don sans célébrer le geste, donc sans reconnaître sa valeur. » C'est ce que nous allons nous employer à analyser avant de préciser de quel donateur et à quel donataire nous sommes amenés à recevoir et à rendre.

## 1. Recevoir n'est pas rejeter

« Je l'ai déjà », « Je n'en veux pas ! » sont des remarques que nous interdisons aux enfants lorsqu'ils reçoivent des cadeaux lors d'un goûter d'anniversaire par exemple. Refuser un don de peur que l'autre se ruine ou se dépossède trop pour soi est tout aussi malvenu. L'explication nous est donnée une fois de plus par Mauss quand il nous dit que refuser un don, c'est refuser d'être en dette et de se retrouver sous l'emprise du donateur : « c'est manifester qu'on craint d'avoir à rendre ». À tel point qu'il est assez amusant de voir trôner parfois en bonne place, sur les bureaux des entreprises, des souvenirs de vacances, offerts par des collègues, telles ces reproductions miniatures de chameau en provenance de Tunisie, d'éléphant en provenance de Thaïlande… qui ne sont pas toujours du meilleur effet, mais qu'il aurait été bien embarrassant de refuser. Ces petits cadeaux, témoignages d'affection, sont affichés tant

1. N. Alter, *Donner et prendre. La coopération en entreprise*, *op. cit.*

pour exprimer sa gratitude que pour célébrer les liens qui nous unissent. Ce principe universel se retrouve partout, mais de façon sans doute encore plus marquée aujourd'hui au Moyen-Orient ou en Extrême-Orient. Avant même de songer à réaliser une opération commerciale, les usages veulent que l'on procède à des échanges de cadeaux. Pour que la confiance s'installe, il s'agit de commencer par des préliminaires qui n'engagent guère mais qui permettent de tester la réciprocité de l'échange. C'est un peu comme s'il fallait tester un premier pas de valse du don pour voir si nous sommes capables d'entrer pour de bon dans la danse, c'est-à-dire de devenir partenaires sur des objets à plus forts enjeux. Voilà qui a laissé des souvenirs impérissables à bien des Occidentaux se rendant par exemple au Japon et se découvrant sous un autre jour après avoir enchaîné saké chaud et karaoké ! Refuser serait de fort mauvais augure pour la suite.

**Exemple 5 : l'Ostreidon**

L'Ostreidon est apparenté à la famille des huîtres. Même si l'on y trouve parfois quelques perles, l'Ostreidon, lui, est particulièrement fermé au don. Il n'aime pas recevoir des cadeaux, qu'on lui rende service ou encore qu'on le complimente car, d'un naturel méfiant, il préfère refuser les dons de peur d'être dupé. Outre le fait que sa fermeture au don l'isole, sa maladresse lui vaut parfois des inimitiés car son refus de recevoir non seulement dissuade, mais injurie les potentiels donateurs de son entourage. C'est ce qui arriva à cet ingénieur d'affaires envoyé en Chine pour négocier un contrat de partenariat dans le domaine des composants électroniques.

Alors que ses interlocuteurs, suivant les traditions confucéennes, souhaitaient investir la relation et la réciprocité des dons et contre-dons avant même de pouvoir envisager de démarrer la négociation, l'Ostreidon, qui avait le sentiment non seulement de perdre du temps mais craignait de se faire avoir ou manipuler, refusa tout net de se plier au jeu des cérémonials d'accueil. Autant dire que ses homologues chinois, affreusement vexés, le considérèrent comme quelqu'un en qui ils ne pouvaient aucunement avoir confiance et ne démarrèrent jamais vraiment la négociation. Après avoir passé un certain temps à essayer de faire avancer les choses sans succès, l'Ostreidon s'en revint bredouille.

Il faut bien comprendre que le don génère une dette d'une tout autre nature que la négociation car il personnalise l'échange. Pour discerner en quoi le refus d'un tel don est assimilable à un rejet, Jacques Godbout[1] donne l'exemple du don d'organe : « Recevoir un organe d'une autre personne menace l'individualité biologique, et le système de défense, qui considère l'organe comme un intrus, développe des mécanismes de rejet. » À tel point que le donataire doit prendre des médicaments bloquant son système immunitaire, qui fonctionne à bien des égards de la même manière que notre système identitaire. Jacques Godbout questionne aussi la raison du nécessaire anonymat de la personne sur laquelle a été prélevé le greffon et montre que la crainte du donataire n'est pas tant de se sentir monétairement redevable vis-à-vis des proches du donateur, mais avant toute chose qu'on puisse « tout lui demander, y compris de ne plus être lui-même », de perdre son identité pour intégrer d'une certaine manière celle du défunt. Car « ce qui, dans le cadeau reçu, échangé, oblige », écrit Mauss, « c'est que la chose reçue n'est pas inerte. Même abandonnée par le donateur, elle est encore quelque chose de lui ». Il en va de même de certains héritages lourds à porter en cela qu'ils nous empêchent d'être nous-mêmes. Nous parlerons à ce sujet de dette négative et verrons par la suite comment la muer en dette positive. Refuser un don est tellement difficile que cela en fait, malheureusement, un magnifique levier de manipulation :

1. J. T. Godbout, *Le Don, la dette et l'identité. Homo donator* vs *Homo œconomicus*, Paris, Le Bord de l'eau, 2013 (La Découverte, 2000).

le fameux mécanisme dit de la « porte au nez ». Il s'agit[1] de : « formuler une requête trop importante pour qu'elle soit acceptée avant de formuler la requête qui porte sur le comportement attendu ». Le fait d'opposer un refus à une première requête de l'autre amène ce dernier à se sentir obligé de concéder sur la deuxième requête, dans un mécanisme de réciprocité, et cela d'autant plus si l'on joue sur l'effet de contraste entre les propositions et qu'elles se succèdent rapidement.

**Les exceptions qui confirment la règle (quand il est possible de rejeter)**

- Lorsqu'on recherche sciemment à maintenir une distance relationnelle, soit que la relation soit considérée comme sans intérêt, soit que la différence statutaire soit jugée trop importante pour qu'un rapprochement ait lieu.
- Lorsque le don ne doit pas influer sur la négociation afin que la pression commerciale soit maintenue sur les fournisseurs dans une perspective de court terme[2].

## 2. Ne pas savoir recevoir, c'est profiter

Prendre sans demander relève du registre de la prédation. Prendre sans reconnaître le don est tout aussi violent. C'est pourquoi le principe de Mauss évoque l'une des sempiternelles ritournelles entendues dans tous les foyers : « Non, tu ne prends pas comme ça ! » – « On dit quoi ? » – « Merci ! » Si la manière de donner est aussi importante

1. R.-V. Joule et J.-L. Beauvois, *Petit Traité de manipulation à l'usage des honnêtes gens*, Grenoble, Presses universitaires de Grenoble, 1987.

2. De nombreux services achats reçoivent ainsi des instructions très strictes de ne pas accepter les cadeaux de leurs fournisseurs ou alors dans la limite d'un montant très faible par peur de « se faire acheter » et de tomber dans une relation de dépendance.

que ce que l'on donne, il en va de même de la manière de recevoir. Afin d'éviter que nos dons puissent être ignorés, nous faisons beaucoup d'efforts pour les rendre manifestes : papier cadeau, petit mot d'accompagnement, moment dédié de célébration… ou encore paradoxalement en insistant comme il a été dit sur la négation de sa valeur : « Ce n'est pas grand-chose… » D'une certaine manière, la plus grande violence que l'on puisse faire à un individu consiste à lui refuser toute forme de reconnaissance. Cette dernière est tellement importante, assimilable au « besoin de respirer », qu'on préfère souvent être reconnu négativement par quelqu'un qui a de l'importance à nos yeux, plutôt que d'en être ignoré. Le débat sur ce thème a rebondi dans les universités du monde entier depuis une vingtaine d'années, à la suite du livre du philosophe et sociologue allemand Axel Honneth, *La Lutte pour la reconnaissance*, où il pose que le désir premier de tout être humain est de devenir visible aux yeux des autres et d'en être reconnu. Mais cette reconnaissance se joue et s'obtient (ou se voit refusée) dans une triple dimension. Dans la sphère de l'*amour* qui touche aux liens affectifs, nous aspirons à avoir confiance en nous en obtenant d'être reconnus dans notre singularité. Dans la sphère du *droit*, nous aspirons à la dignité en obtenant que chacun agisse respectueusement envers soi. Enfin, nous aspirons également à une considération sociale au travers de nos *activités* pour acquérir le sentiment de notre propre valeur[1]. Dans cette dernière dimension, prendre sans reconnaître les dons

1. A. Honneth, *La Lutte pour la reconnaissance*, Paris, éd. du Cerf, 2000 (1992). Pour une approche synthétique de ce débat, très ample, voir, par exemple, « De la reconnaissance. Don identité et estime de soi », *La Revue du MAUSS semestrielle*, n° 23, 1er semestre 2004, et A. Caillé (sous la dir. de), *La Quête de reconnaissance. Nouveau phénomène social total*, Paris, La Découverte, 2007.

est assimilable à de l'exploitation. Le déni de reconnaissance se vit comme du mépris ou de l'humiliation, voire comme la perte du sentiment d'exister[1].

**Exemple 6 : le Highpophodon**

Le Highpophodon, dit aussi « HP » ou Haut Potentiel en jargon RH, bénéficie d'une discrimination positive au sein de l'entreprise. Du fait de son diplôme, de ses habiletés jugées exceptionnelles, il est repéré au plus près du démarrage de sa carrière pour être fidélisé et accéder en un temps record à des fonctions de dirigeant. Un sentiment mêlé de jalousie, de crainte et de fierté anime bien souvent l'équipe qui hérite d'un Highpophodon. Jalousie car cela renvoie à chacun l'idée qu'il est un *low potential* ; crainte car le HP est un sujet observé et choyé depuis le saint du saint de la direction ; fierté, enfin, car l'équipe a été jugée « suffisamment bonne » pour participer à l'éducation et au développement du HP.

Alors, dans cette équipe « suffisamment bonne » du secteur de l'environnement et de l'énergie, chacun fait ce qu'il sait et aime faire : donner pour développer l'intelligence collective et l'amour du travail bien fait. Le Highpophodon reçoit beaucoup, se nourrit de tous ces dons mais grandit plus vite que les autres comme chacun sait. Il s'inscrit dans une temporalité qui n'est pas celle de ses collègues et la question se pose assez vite : aura-t-il seulement le temps de rendre dans un juste retour des choses, d'exprimer à tout le moins sa gratitude au collectif qui a contribué à son ascension ? Parfois non. À peine développé, il s'est déjà envolé vers une autre équipe. Cela laisse parfois un goût amer à ceux qui restent quand recevoir sans rendre est davantage valorisé que donner sans recevoir en retour.

Plus de la moitié des salariés estiment que leur implication dans le travail n'est pas reconnue[2] en France. Le « dire merci » s'étiole avec le temps et beaucoup de

1. Voir F. Flahault, *Le Sentiment d'exister : ce soi qui ne va pas de soi*, Paris, Descartes & Cie, 2002.

2. 57 % plus exactement selon A. Solom, Baromètre du Bien-être et de la motivation Accor Services/Ipsos, juin 2007.

managers ne réalisent pas à quel point c'est essentiel et que cela appartient au registre du symbolique. Reconnaître un don ne signifie pas s'engager sur une augmentation de salaire ! Si l'on reprend la classification de Jean-Pierre Brun[1], cette reconnaissance se décline selon quatre niveaux : elle est d'abord *existentielle* (être reconnu pour soi en tant qu'individu distinct) ; elle porte aussi sur *les résultats du travail réalisé* (avoir contribué à l'atteinte des objectifs de l'entreprise) ; elle concerne *la pratique de travail* (le professionnalisme avec lequel les tâches sont accomplies) ; elle n'oublie pas enfin *l'investissement dans le travail* (l'implication et les efforts engagés pour fournir un travail de qualité). Les découvertes de Mauss font apparaître que nous désirons être reconnus en tant que donateurs, comme ayant donné ou pouvant donner quelque chose. Symétriquement, l'activité ou la créativité qui se manifestent dans une organisation donnée ne peuvent pas se déployer si elles ne sont pas reconnues comme telles. À la fois, le don sert à marquer la reconnaissance qu'on accorde à l'autre. Mais symétriquement, il permet à celui qui donne d'être reconnu comme un donateur. Il fonctionne à la fois comme marqueur de générosité et comme source de générativité. C'est pour cette raison, comme on le voit de manière si claire dans le *potlatch,* qu'un don qui ne peut être rendu annihile celui qui l'a reçu. On ne sait en définitive pas clairement qui donne effectivement, celui qui donne ou celui qui, en acceptant de recevoir et en marquant sa gratitude, fait de l'auteur du don un donateur effectif. Seul celui qui reçoit avec gratitude transforme en don ce qu'il a reçu.

1. J.-P. Brun et N. Dugas, *La Reconnaissance au travail : une pratique riche de sens*, Québec, Centre d'expertise en gestion des ressources humaines, octobre 2002.

**Les exceptions qui confirment la règle (quand il est possible de profiter)**

- Lorsqu'il s'agit légitimement de récupérer ou reprendre ce qui a été pris indûment.
- Dans les cas extrêmes d'infraction par nécessité, où la prédation est commise pour éviter un danger inévitable, imminent et extérieur (« ventre affamé n'a pas d'oreilles »).

## 3. Recevoir à plus d'un titre

Le don scelle et symbolise les alliances. Mais celles-ci ne peuvent s'instituer durablement et se reproduire au fil du temps ou des générations qu'en se déployant sur trois plans différents : horizontal, longitudinal et vertical. Au plan horizontal, Mauss a montré que l'alliance se crée entre les guerriers qui acceptent de déposer les armes et d'échanger paroles et présents. L'étendue de l'alliance est proportionnelle à celle des territoires ainsi raccordés. Et réciproquement. Mais le don le plus important qu'ils puissent se faire est celui des femmes de leurs clans ou de leurs tribus, filles ou sœurs. Les femmes, en donnant la vie, assurent le lien entre les ancêtres et les descendants. Elles créent une alliance longitudinale entre le passé et le futur, entre la mort et la vie. Enfin, l'alliance verticale permet de tisser un lien avec les entités invisibles, ancêtres, esprits, génies du lieu et autres déités. La première alliance, horizontale, permet le passage de la guerre à la paix. La deuxième, longitudinale, assure le passage de la mort à la vie. La troisième, verticale, conjure le sort et permet de passer du néfaste au propice, de la malchance à la chance, ou de l'abjection à l'élection.

De manière analogue, cette distinction des trois registres de l'alliance peut aisément être appliquée au champ de l'organisation. Au plan horizontal, on repérera tous les réseaux ou les nœuds de camaraderie ou d'amitié formés entre les membres de l'organisation à un moment donné. Au plan longitudinal se joue l'inscription dans la temporalité spécifique de l'organisation, le rapport aux anciens, déjà partis ou sur le départ, et le rapport aux jeunes tout juste arrivés. Le plan vertical, enfin, est celui du rapport à l'esprit de l'organisation, à ses valeurs, sa culture, ses objectifs. Le degré d'incorporation de cet esprit par les membres de l'organisation est le déterminant ultime de son efficacité. Mais ces trois dimensions demeurent de l'ordre de l'informel et restent largement invisibles à la seule lecture de l'organigramme et de la structure officielle de l'organisation. Le bon management est celui qui sait jouer de l'écart entre le formel et l'informel, en laissant sa place à chacun des registres. On voit là toute la différence entre de bons dirigeants et des gestionnaires technicistes à courte vue, qui rappelle la différence entre des hommes ou des femmes politiques ayant le sens de l'État et/ou de l'intérêt général, et de simples politiciens.

Ainsi se trouvent démultipliées les possibilités de faire circuler les dons. Encore faut-il toutefois trouver des repères en tant que donataire pour savoir vers qui se tourner pour rendre. C'est particulièrement vrai pour la lignée familiale. Si nos parents nous donnent la vie, nous pouvons exprimer naturellement de la gratitude et leur rendre une certaine aide en cas de besoin, mais en aucun cas nous ne pouvons leur rendre la vie. Et c'est ce qui expliquerait le désir d'enfants, car en donnant à notre tour la vie, nous nous libérons de cette dette (don longitudinal) qui s'inscrit ainsi dans une lignée familiale. De la même manière, quand nous débutons dans un métier, nous pouvons difficilement rendre à celui qui nous a introduit dans le métier tout ce qu'il nous aura appris. Ce n'est d'ailleurs pas ce qu'il demande car son don s'inscrit dans une chaîne de dons. Il a lui-même reçu d'un plus ancien ce qu'il nous a transmis et nous donne à son tour. Ainsi le don se propage, nourrit un collectif de travail et préserve une identité professionnelle. Le don vertical, quant à lui, est davantage constitué d'une accumulation de dons passés, de « dons morts » dont on profite et que l'on se doit de réactualiser pour en préserver l'esprit. L'organisation demande ainsi à ses membres de participer à une œuvre commune, et certains dirigeants qui semblent échapper par leur conduite à cette œuvre commune sont accusés de dévoyer ses valeurs : les Lip, les Lu, les Conti, les Molex… se sont engagés à ce titre dans des conflits sociaux retentissants pour sauver, au-delà de leurs emplois, leur héritage industriel.

Chapitre 8

# Rendre de bon cœur

Dans les étapes qui précèdent, deux enseignements essentiels à la compréhension du contre-don nous sont apparus : premièrement, le principe de la dette souscrite en acceptant un don réside dans l'obligation sociale de rendre. Dans certaines sociétés, comme le note Mauss, « la sanction de l'obligation de rendre est l'esclavage pour dette ». Deuxièmement, le moteur de ce principe que nous avons décrit en empruntant l'expression hégélienne de *lutte pour la reconnaissance* tire sa puissance de la capacité du donataire à rendre avec un certain éclat et ainsi à sauver la face. « L'esprit de la chose donnée », nous dit Mauss, circule par le don. Cette essence spirituelle, cette parcelle d'âme du donateur exerce une emprise sur le donataire et le met en danger dès lors qu'il cherche à la conserver sans la rendre. « Tout ce que tu ne sais pas donner te possède » écrit en ce sens André Gide[1]. *A fortiori*, est-ce vrai de ce qu'on ne sait pas rendre. Ce qui n'empêchait pas certains Trobriandais, nous rapporte Malinowski, de réaliser la *kula* avec des paniers à double fond où ils pouvaient mettre ce qu'il y a de plus précieux en espérant ne pas avoir à s'en séparer !

Le rendre, cette dernière étape de la valse du don, amorce à elle seule un nouveau cycle fondé sur les trois

1. A. Gide, *Les Nouvelles Nourritures*, Paris, Gallimard, 1935.

étapes *demander-donner-recevoir* en retour. Pour autant, ce cycle du contre-don a des spécificités par rapport au cycle du don qu'il convient de connaître afin de ne pas commettre d'impair. C'est à la fois un cycle à part entière et une étape qui vient achever un premier cycle du don.

## 1. Rendre n'est pas solder

La plus grande maladresse dans le contre-don consiste à confondre le don et la négociation. La *kula* et le *gimwali*, auraient dit les Trobriandais. Dans la négociation, nous avons l'obligation de rendre une contrepartie immédiate ou définie *a priori* dans le temps, qui soit pondérée et mesurable… Dans le don, rendre de cette manière serait dépersonnaliser l'objet du don pour le faire passer pour du « vulgaire » troc. Ne pas laisser un certain temps, voire un temps incertain, entre le don et le contre-don, c'est signifier au donateur que l'on souhaite se dérober au poids de la dette. Si être en dette, c'est être en lien, être quitte, c'est s'affranchir ou clore ce lien. Pour autant, il n'est pas toujours simple de trouver le bon *timing* pour rendre, notamment dans les organisations soumises à de nombreux changements et où il se peut que nous soyons mutés ailleurs sans avoir eu le temps de pleinement rendre au collectif de travail à hauteur de ce qu'il nous a donné. De nombreuses organisations se méfient bien souvent des « généreux donateurs » et limitent, voire interdisent les dons, en particulier lorsqu'ils proviennent de l'extérieur. Il y a cette peur que les collaborateurs ne soient plus en mesure de satisfaire les intérêts de l'organisation au nom d'une relation extérieure envers laquelle ils se sentiraient en dette. À l'opposé, d'autres entreprises encouragent parfois les dons envers leurs clients, à tel point que le législateur s'en est mêlé dans le domaine de la visite médicale par exemple, pour garantir aux patients que leurs médecins ne prescrivent bien que des médicaments indispensables… Le conflit de loyauté apparaît en effet lorsque nous devons satisfaire plusieurs demandes contradictoires qui nous amènent à nous demander envers qui nous nous sentons le plus en dette.

**Exemple 7 : l'Ankylodon**

D'apparence coopératif, l'Ankylodon a pour effet, comme son nom l'indique, d'ankyloser le processus du don et du contre-don. L'Ankylodon confond le don et la négociation, et demande des contreparties systématiques à chacun de ses dons, ce qui a pour effet de dissuader les demandes de son entourage. S'il donne peu, ses collègues finissent par lui rendre à la hauteur de ce qu'il donne, c'est-à-dire pas grand-chose. L'Ankylodon préfère largement être quitte que d'être en dette et développe ainsi des relations assez formelles, voire distantes. Cela a un effet souvent déstabilisant pour celui qui souhaite s'adonner à une relation de travail plus poussée et spontanée.
Ainsi en allait-il de ce manager de projet qui avait pour mission d'obtenir l'adhésion d'un certain nombre de parties prenantes de son entreprise du secteur des assurances sans aucun pouvoir hiérarchique pouvant les y contraindre. Parmi eux, un Ankylodon. Quand ce manager lui demanda de l'aide ou un service, il s'aperçut très vite d'un tic de langage : « Oui…, enfin… si… » L'Ankylodon émet toujours des conditions suspensives. Il tient une comptabilité stricte de ce qui transite dans la relation. Un don sans condition est vécu comme une forme d'intrusion dans sa vie, et l'Ankylodon se rassure en définissant ses manières de faire, ses protocoles auxquels les autres doivent se conformer pour obtenir quelque chose de lui. L'Ankylodon supporte difficilement les collègues jugés imprévisibles ou insouciants qui chamboulent l'ordre qu'il s'efforce d'établir pour conserver une certaine maîtrise sur les choses et les événements. Ce manager finit par s'épuiser, car outre le surcroît d'énergie demandé, cela retardait l'exécution des tâches prévues et menaçait la finalisation de son projet. À tel point qu'il se résolut à faire sans l'Ankylodon.

Rendre n'est pas redonner quelque chose d'équivalent, c'est donner à son tour. Rendre plus, c'est rendre l'autre à nouveau débiteur et toujours en lien car de nouveau en dette même si le jeu s'est inversé. Comme il a été dit, recevoir un don avec gratitude, dire merci et accepter que l'autre soit en situation de donateur, c'est déjà une manière de rendre. Et le paradoxe démontré par Jacques Godbout[1], c'est que, dès lors que la réciprocité dans le don et le contre-don est établie, la dette négative, qui fait que l'on se sent forcé et infériorisé du fait de notre difficulté à rendre, se transforme en dette positive, « celle qui n'est pas vécue comme dette à rembourser, mais comme reconnaissance : on reconnaît avoir reçu beaucoup sans pour autant ressentir une obligation, mais plutôt un désir de donner ». Cet état de « dette mutuelle positive » transcende la règle de l'alternance au point qu'on ne puisse plus distinguer donateur et donataire, don et contre-don étant réalisés dès lors avec tout autant de liberté. Dès lors, nous nous sentons en dette sans éprouver le sentiment d'obligation qui y est habituellement rattaché. L'enjeu n'est pas d'être quitte, mais de chercher à rester en dette pour continuer à avoir envie, pour éprouver le plaisir de donner sans compter. Dans un collectif de travail, nous sentons clairement que tout va bien quand on ne compte pas ses efforts et l'aide apportée aux collègues. Mais quand tout va mal, nous nous apercevons alors que les donateurs n'oublient pas vraiment tout ce qu'ils ont donné et deviennent susceptibles de réclamer des comptes. Il peut alors être tentant de recourir au contrat, en transformant le don en négociation. Mais c'est là une solution assez largement illusoire. Une équipe qui passerait son temps à stipuler ce que chacun doit faire serait morte avant même d'essayer.

1. J. T. Godbout, *Le Don, la dette et l'identité, op. cit.*, 2000.

**Les exceptions qui confirment la règle (quand il est possible de solder)**

- Au démarrage d'une relation où l'on ne souhaite pas commettre d'impairs en rendant trop ou trop peu, pas assez ou trop vite, rendre l'équivalent peut être une solution de compromis transitoire.
- Lorsque la relation est « contractée » à durée déterminée et que la fin est d'emblée anticipée par chacun en recherchant précisément à être quitte au moment de se quitter.

## 2. Ne pas savoir rendre, c'est perdre

Une des règles attachées au principe de Mauss est que le contre-don doit être plus important ou de plus grande valeur que le don initial. On doit rendre plus et plus tard, et d'autant plus qu'on rend plus tard. Comme le résume ce proverbe arabe : « Celui qui porte un présent sur un âne attend de recevoir un présent sur un chameau. » Pour autant, il convient de rester vigilant et de décider de rendre si et seulement si il y a réciprocité dans les dons donnés et reçus. Ce que nous détaillons ici présente un côté presque indécent à être divulgué de la sorte, car les conventions sociales considèrent qu'il est mal vu de tenir les comptes. Au-delà de l'importance de la réciprocité, nous sommes malgré tout sensibles à une certaine équité dans la valeur des efforts fournis, le temps consacré par chacun, les dépenses réalisées pour les présents… Cela ne se dit pas, ne se montre pas, mais nous le faisons malgré tout, de façon instinctive. Quand nous recevons, nous comptons pour voir si celui qui a compté a bien compté. Quand nous rendons, nous commençons par nous assurer que c'est bien à notre tour de le faire : « Qui a organisé le dîner la dernière fois ? » Puis nous nous efforçons de réaliser une prestation du même ordre : « Avec eux, il va falloir mettre les petits plats dans les grands. » À défaut, nous en arrivons même à nous excuser, manière de manifester l'importance que nous accordons à la relation : « J'ai fait les choses très simplement pour cette fois car j'ai eu un contretemps, mais on se rattrapera la prochaine fois. » *A contrario*, le mécanisme le plus dangereux qui soit peut se réaliser : la transformation du don en dû. Instrumentaliser la relation et mépriser l'autre à la mesure de la dette dont on se sent redevable, c'est le mécanisme le plus ancestral pour s'exonérer de sa dette quand on ne veut pas ou qu'on pense ne pas pouvoir rendre. Et cela va très vite, comme l'indique ce proverbe africain : « Ne sois pas bon deux fois. Une fois ça suffit. Parce que quand tu es bon une fois, tu es bon et c'est bien. Mais quand tu es bon deux fois, tu deviens bon-bon et on te mange ! »

**Exemple 8 : l'Echinodon**

L'Echinodon est généralement le « plus petit » de l'équipe. En s'échinant à donner à une équipe qui ne lui rend rien ou pas grand-chose, il développe assez vite le sentiment que « le monde est trop injuste ». L'Echinodon se repère assez vite par exemple lors des discussions parfois âpres et difficiles au sujet des plannings, notamment lors des ponts du mois de mai. Le sort s'abattant toujours sur le mousse, il n'est pas rare que le dernier Echinodon arrivé, surtout s'il est jeune, en fasse les frais. C'est ce qui se produisit dans cette entreprise du secteur de la grande consommation. La demande au départ fut un peu gênée car le nouveau était *a priori* libre d'accepter ou de refuser : « On est très embêté pour le pont du 1er Mai. On s'est dit que dans la mesure où on a des enfants… » L'Echinodon, d'un naturel coopératif, suivant en cela le principe de Mauss, accepta tout en pensant que cela lui offrirait un crédit relationnel auprès des autres et faciliterait son intégration.

Ce qui aurait pu être le cas, sauf que… ses collègues, ignorant son don, revinrent à la charge une semaine plus tard pour le pont du 8 Mai, avec cette fois davantage d'assurance : « Dis donc, t'es au courant, on t'a mis sur le planning pour le pont du 8 Mai, ça ne te pose toujours pas de problème ? » L'Echinodon, sentant le piège se refermer, osa en l'espèce un léger reproche sur la forme : « Vous auriez pu m'en parler. » Et ses collègues ne manquèrent pas de répliquer : « Ben, c'est ce qu'on est en train de faire ! » Dans ce cas, le fait de voir ignorer son don une deuxième fois sans réagir lui fit comprendre qu'il ne serait plus consulté par ses collègues pour ce type de décisions ou alors simplement au titre de chambre d'enregistrement. Pire encore, ses collègues en arrivèrent à ne pas imaginer qu'il puisse leur dire non, car ils se considéraient plutôt généreux de lui trouver des occupations le week-end !

Le don part certes d'un élan de générosité sincère où l'intention porte sur la création et l'entretien du lien et où il serait très mal vu de vouloir tirer profit ou marchander les éventuels biens qui circulent dans les dons et contre-dons. Cependant, écrit Antoine de Saint-Exupéry[1], « ce n'est point donner que de perdre ». Ce principe fondamental a été étudié notamment par le psychiatre Iván Böszörményi-Nagy, pour qui, en plus de la réciprocité, il doit nécessairement y avoir un équilibre entre le reçu et le rendu dans les relations. Cet équilibre n'est pas une recherche d'égalité mais d'équité[2] : en fonction du contexte, chacun donne ce qu'il peut donner. Adapter ce que nous rendons aux besoins que nous percevons chez autrui est un acte qui relève d'une certaine « éthique relationnelle ». Lorsqu'il y a déséquilibre entre le reçu et le rendu, cela génère de la culpabilité chez celui qui se sent le plus en dette. Iván Böszörményi-Nagy parle à ce sujet de « grand livre » où nous enregistrons nos dettes et nos crédits envers chacun, nos déficits ou surplus de dons, y compris envers les personnes décédées. Cela n'est naturellement pas dénué d'une certaine dose de subjectivité, ce d'autant que plus le

1. A. de Saint-Exupéry, *Citadelle*, Paris, Gallimard, 1948.
2. Ou de parité : chacun donne selon sa position sociale et ses moyens.

temps s'allonge entre ce que nous recevons et ce que nous rendons, plus le lien entre le donataire et le donateur est alimenté par la mémoire. Après avoir ouvert les yeux sur ce livre des comptes, il faut rapidement savoir les refermer. Pour que la valse du don fonctionne, il convient de lui préserver sa part d'ombre, de spontanéité, d'authenticité et de ratage. Ou encore, comme le disait Sénèque (4 av. J.-C. à 65 ap. J.-C.) dans son grand livre sur le don, *Les Bienfaits* (*De Benificiis*), il faut que celui qui a donné l'oublie aussitôt et que celui qui a reçu ne l'oublie jamais.

**Les exceptions qui confirment la règle (quand il est possible de perdre) ?**

- Lorsque l'impossibilité de rendre à la génération du dessus (les parents) ou à sa hiérarchie, à la hauteur de ce qu'ils ont donné, nous conduit à rendre à la génération du dessous (les enfants) ou ses subordonnés dans une chaîne de dons.
- « Payer » a la même origine étymologique que faire la paix et certains sacrifices peuvent en effet se révéler parfois nécessaires pour renouer une relation ou sortir d'un conflit.

## 3. Rendre ou donner à son tour

Ces quatre étapes de la valse du don, vue en positif ou en négatif, en symbolique ou en diabolique, offrent ainsi une infinité de combinatoires. Nous nous sommes bornés à faire voir certains des « grains de sable » qui peuvent gripper, travestir ou trahir l'esprit de la valse. À ce stade, il devient possible de réaliser une modélisation systémique qui rend compte du principe de Mauss au travers d'une triple exigence conceptuelle nécessaire pour penser la complexité, selon Edgar Morin[1] : en premier lieu, à la différence des

1. E. Morin, *Introduction à la pensée complexe*, Paris, éd. du Seuil, 2005.

modèles organisés linéaires, à la fois fermés et déterministes, la valse du don obéit à une certaine *récursivité*, du fait des interconnexions et rétroactions des étapes qui la constituent : « Tout ce qui est produit revient sur ce qui le produit dans un cycle lui-même autoconstitutif, auto-organisateur et autoproducteur. » L'étape du demander est interdépendante avec l'étape du donner, qui elle-même interagit sur l'étape du recevoir et influe *in fine* sur l'étape du rendre. En second lieu, la valse du don fonctionne de manière *dialogique*[1] à travers cette opposition de l'intérêt pour soi et de l'intérêt pour autrui car « c'est dans cette dialectique du complémentaire et de l'antagonisme que se trouve la complexité ». Enfin, les étapes de la valse du don sont *hologrammatiques*[2], comparables à l'hologramme où chaque morceau de l'image « contient la quasi-totalité de l'information de l'objet représenté ». L'information de la totalité d'un don est distribuée sur toutes les étapes de la valse du don, où s'enregistrent l'actif et le passif laissés par les précédents pas de danse. Quand le donateur ne cherche qu'à satisfaire son intérêt individuel égoïste, cette valse se mue en enfer pour le donataire en devenant : exiger, écraser, rejeter, solder. Inversement, quand le donateur ne cherche qu'à « sortir de soi », comme l'écrit Mauss, allant jusqu'à s'oublier dans un élan d'altruisme extrême, cette valse se mue en enfer pour le donateur, en devenant cette fois attendre, retenir, profiter et perdre. Ces deux

1. *Id.*, « Épistémologie de la complexité », dans *Échanges avec Edgar Morin. Science et conscience de la complexité*, sous la dir. de Ch. Atias et J.-L. Le Moigne, Aix-en-Provence, Librairie de l'Université, 1984.

2. *Id., Introduction à la pensée complexe, op. cit.,* 2005. Ce principe est tiré d'une pensée de Pascal : « Je tiens pour impossible de connaître les parties en tant que parties, sans connaître le tout, mais je tiens pour non moins impossible la possibilité de connaître le tout sans connaître singulièrement les parties. »

cycles vicieux qui s'entrecroisent, parfois si enchevêtrés qu'on les distingue difficilement et entre lesquels les sujets oscillent selon qu'ils basculent de l'intérêt pour soi à l'intérêt pour autrui, constituent la dialectique infernale qui permet la révélation du cycle vertueux du demander (avec les formes), donner (à bon escient), recevoir (avec gratitude) et rendre (de bon cœur). La valse du don navigue ainsi en quelque sorte entre ces quatre points cardinaux, balayés par huit vents contraires. Afin de mieux s'y repérer, il est utile de rassembler ces éléments pour former à la manière d'une rose des vents. Cette figure utilisée par les marins dès l'Antiquité permettait de ne jamais perdre sa route en se référant à la direction des vents. Par analogie, c'est ce que nous proposons d'appeler la « rose des dons » : On notera que sur cette rose des dons le demander et le donner (la demande et l'offre, si l'on veut), d'une part, le recevoir et le rendre, de l'autre, apparaissent sous la forme de deux couples d'opposés. En vis-à-vis, comme dans la dialectique du « Je » et du « Tu ». Je te demande, tu me donnes. Ou bien, tu me demandes, je te donne. Et, symétriquement : je reçois de toi, et je te rends. Ou inversement. La première relation, la relation du demander et du donner, dont nous avons présenté certaines des pathologies possibles dans cette partie, est animée, on l'a vu, par le rapport entre intérêt pour soi et intérêt pour autrui (ou sympathie). Dans la partie suivante, nous étudierons en détail le rapport complexe entre l'obligation et la liberté-créativité, ses vices et ses vertus possibles. Ici, à ce stade, le recevoir apparaît du côté de la liberté. C'est au départ le moment où on est le moins « pris » dans la relation, au moins quand la réception n'a été précédée d'aucune demande explicitement formulée (« je ne m'y attendais pas », dit-on, « il en fallait pas », etc.), mais un moment qui bascule très vite dans celui de l'obligation de rendre dégagée par Mauss.

À l'extérieur de la rose, on voit apparaître les bons vents, ceux qui se lèvent quand le bon ordre du don a été suivi. À l'intérieur, les mauvais vents, ceux qui vite se déchaînent lorsqu'on ne respecte pas les règles de la bonne navigation sur l'océan du don.

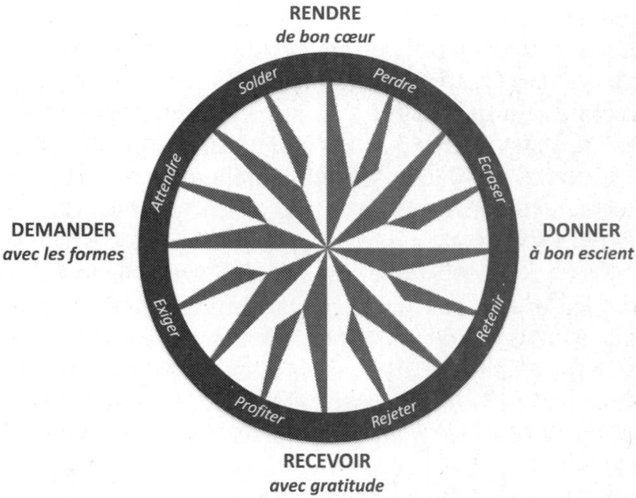


*La rose des dons*

Pour conclure, reprenons ce que dit Jean de La Bruyère[1] : « La libéralité consiste moins à donner beaucoup qu'à donner à propos. » Rendre ou donner à son tour, c'est se mettre à la place de celui qui reçoit. À ce titre, la découverte du système des neurones miroirs, au cours des années 1990, au sein de la faculté de médecine de Parme, est un apport pour la recherche cognitive et comportementale, comparable à ce que représente la

1. J. de La Bruyère, *Les Caractères*, Paris, Flammarion, 1962.

découverte de l'ADN pour la biologie. Giacomo Rizzolatti et son équipe ont ainsi montré que les mêmes neurones s'activent, que ce soit pour effectuer une action spécifique ou pour observer un individu réaliser la même action. Ces neurones permettent non seulement de comprendre les actes et le comportement d'autrui, mais aussi l'intention de son interlocuteur par cette faculté de se mettre à sa place. L'empathie ne se décrète pas ; elle est automatique comme la respiration. Nous pouvons nous mettre littéralement dans la peau de notre interlocuteur, déchiffrer son état d'esprit et ses émotions. Adapter son don aux attentes de l'autre se fait naturellement, sauf si nous suspendons l'empathie volontairement pour nous détacher d'une situation que nous voulons garder étrangère à nous ou encore si quelque chose fait obstruction, telle une rivalité ou une rancœur mal surmontée. Il est naturellement plus facile d'adapter son don aux personnes qui nous ressemblent, mais pour les dons peu engageants, tels que tenir la porte, ramasser un objet tombé à terre, aider quelqu'un à franchir un obstacle, notre capacité d'empathie nous y pousse, comme le font les grands singes, les dauphins ou les éléphants. Nous éprouvons même du plaisir à aider autrui, écrit l'éthologue Frans de Waal[1], mais « puisqu'il nous touche à travers l'autre, et seulement ainsi, ce plaisir est authentiquement altruiste ». Générer une émotion positive chez autrui, par un don satisfaisant sa demande exprimée ou latente, génère la même émotion chez le donateur. Nous nous faisons ainsi du bien en faisant du bien à autrui.

Cela s'est vu confirmer également par de récentes recherches menées aux États-Unis : recevoir un don pour le transmettre aux autres génère plus de plaisir dans la

1. F. de Waal, *L'Âge de l'empathie*, Paris, Les Liens qui libèrent, 2010.

durée que de le recevoir pour soi[1]. Donner 5 dollars à des étudiants pour qu'ils les dépensent pour eux-mêmes le soir génère un sentiment de joie qui s'estompe immédiatement après l'achat. Ce sentiment de joie perdure au moins jusqu'au lendemain, lorsqu'il est demandé à ces mêmes étudiants de dépenser cette somme pour d'autres. « Le plaisir d'offrir »… comme ont su utilement le rappeler les fleuristes sur des étiquettes publicitaires bien trouvées !

1. E. Dunn et M. Norton, *Happy Money : the Science of Smarter Spending*, New York, Simon & Schuster, 2013. Il existe depuis peu une énorme littérature scientifique, neurobiologique, sur le plaisir du don. Ne retenons ici que les deux résultats suivants : des chercheurs de l'université de Colombie-Britannique à Vancouver (Canada) ont ainsi établi que les enfants de deux ans éprouvent plus de plaisir à donner qu'à recevoir, et, étonnamment, que ce plaisir est d'autant plus grand que ce don les prive de quelque chose (voir Aknin L. B., Hamlin J. K., Dunn E. W. [2012] *Giving Leads to Happiness in Young Children*, PLoS ONE 7[6] : e39211. doi :10.1371/journal.pone.0039211). Une autre recherche, moins surprenante, établit que ce plaisir dépend de la personnalité des donataires et qu'il est d'autant plus important que ces derniers sont pris dans les *liens forts* qui constituent la socialité primaire (Aknin L. B, Sandstrom G. M., Dunn E. W., Norton M. I. [2011] *It's the Recipient That Counts : Spending Money on Strong Social Ties Leads to Greater Happiness than Spending on Weak Social Ties*. PLoS ONE 6[2] : e17018. doi :10.1371/journal.pone.0017018). Le livre de D. Cohen, *Homo Œconomicus, prophète égaré des temps modernes*, Paris, Albin Michel, 2012, est représentatif des doutes qui commencent à se faire jour même chez les économistes sur le lien qui semblait indiscutable, axiomatique, entre hédonisme et égoïsme. On trouvera également information et matière à réflexion chez M. Ricard, *Plaidoyer pour l'altruisme. La force de la bienveillance*, Paris, NIL, 2013.

## *12 questions pour valider la compréhension de la valse du don*

| 1. DEMANDER AVEC LES FORMES | |
|---|---|
| Exiger<br>Pourquoi supportons-nous difficilement de recevoir des ordres, et non de faire ce qui nous est demandé ? | Attendre<br>Pourquoi nous est-il parfois difficile de demander ? Quels sont les risques de la demande tacite ? |
| **Comment motiver et expliciter sa demande ?** | |
| **2. DONNER À BON ESCIENT** | |
| Écraser<br>Pourquoi vivons-nous le fait d'être dans l'incapacité de rendre comme une forme d'aliénation ? | Retenir<br>Pourquoi, une fois donnée, la chose ne nous appartient plus, irrévocablement ? |
| **Comment donner sans condition ni gratuité ?** | |
| **3. RECEVOIR AVEC GRATITUDE** | |
| Rejeter<br>Pourquoi rejeter un don peut être interprété comme une injure faite au donateur ? | Profiter<br>Pourquoi le déni de reconnaissance du don se vit comme du mépris ou de l'humiliation ? |
| **Comment circulent les dons et à quel titre les recevoir ?** | |
| **4. RENDRE DE BON CŒUR** | |
| Solder<br>Pourquoi est-il si mal vu de vouloir se dérober au poids de la dette ? | Perdre<br>Pourquoi pouvons-nous en arriver à mépriser l'autre autant que l'on se sent redevable ? |
| **Comment rééquilibrer la relation en diminuant le poids de la dette ?** | |

TROISIÈME PARTIE

# Les ressorts du don dans les organisations

L'exemple du football (mais il aurait pu s'agir de n'importe quel autre sport collectif) nous a permis d'illustrer comment, en plus ou à côté des facteurs financiers, physiques ou techniques, les résultats d'une équipe dépendent de la capacité des joueurs à se demander, donner, recevoir ou rendre le ballon. Et à le faire au bon moment et bien. Autrement dit, à le faire de manière juste, c'est-à-dire dans le bon rythme et à bon escient. Rien ne va plus si un joueur fait des appels dans le vide alors qu'aucun partenaire ne le voit ou n'est en mesure de lui donner le ballon, si celui qui veut le donner ne trouve personne pour le recevoir, si celui qui le reçoit ne le rend jamais, etc. Pour le dire dans le langage bien explicité par le philosophe François Jullien méditant sur la pensée stratégique chinoise classique, les facteurs financiers, physiques ou techniques déterminent l'*efficacité* de l'organisation[1]. Mais ce que Jullien nomme l'*efficience*,

1. F. Jullien, *Traité de l'efficacité*, Grasset, 1996. F. Jullien montre excellemment comment le sage ou le stratège chinois agit sans agir, au-delà ou en deçà d'un calcul moyens/fins et de la posture du héros ou du chef génial qui prétend s'attribuer tous les mérites du succès. Inapparent, non manifesté, il se coule dans la dynamique même des processus, faisant en sorte que le résultat advienne comme de lui-même. Il est le maître de l'efficience parce qu'il en est aussi le fidèle serviteur. « Tandis que l'efficacité, écrit F. Jullien, est localement assignable, et donc directement perceptible dans son résultat… L'efficience passe inaperçue, tout effet ponctuel n'y renvoyant

cette dimension de l'efficacité qui procède de l'invisible et de l'impalpable, dépend, elle, de la bonne circulation des dons effectués selon le rythme du demander, donner, recevoir et rendre. C'est elle qui rend productive ce que E. Mayo et ses disciples appelaient la structure informelle des organisations. Introduisons un troisième terme, pour bien comprendre le rapport entre structure formelle et structure informelle, et disons que l'*efficace* d'une organisation est la résultante de la bonne adéquation entre logique de l'*efficacité* et logique de l'*efficience*. Entre le registre de la socialité secondaire, celui qui préside à la combinaison des fonctions, et le registre de la socialité primaire, celui des relations de personne à personne tissées par la navette du don et du contre-don.

Le terme d'organisation, extrêmement usité dans le langage courant, n'est pas pour autant simple à définir. Si l'on reprend les analyses de Michel Crozier et Ehrard Friedberg[1], l'organisation est un « construit social », une « réponse au problème de l'action collective » quand ce que l'on souhaite ou doit entreprendre ne peut se faire seul. Ce construit, quelles que soient sa taille et son importance, demeure fragile et doit être capable de subir de multiples transformations pour s'adapter aux contraintes internes et externes. Seule une entreprise française[2] sur deux, environ, existe toujours cinq ans après sa création et nous avons assisté à l'effondrement de colosses, tels que Enron (1931-2001, jusqu'à 22 000 salariés), Lehman Brothers (1850-2008, jusqu'à 19 200 salariés) ou encore Kodak

qu'indirectement – indifféremment aussi. » En quoi, ajoute-t-il, « elle se confond avec l'immanence » (p. 158). F. Jullien parle également d'effects, équivalents des affects (p. 145) et d'efficace (p. 159), mais dans un sens différent de celui que nous retenons ici.

1. M. Crozier et E. Friedberg, *L'Acteur et le système*, Paris, éd. du Seuil, 1977.

2. S. Déprez et N. Wach, « Créations et créateurs d'entreprises – Enquête de 2007 : la génération de 2002 cinq ans après », *Insee Résultats*, série « Économie » n° 39, janvier 2009.

(1881-2012, jusqu'à 80 000 salariés), sans soupçonner à quel point leurs pieds étaient d'argile. Chaque faillite a son histoire et nécessite pour être comprise de démêler l'écheveau des parties prenantes, de prendre la mesure des erreurs stratégiques, des modes de prises de décision qui y ont conduit, le tout dans un environnement économique et concurrentiel particulier. Une organisation qui fonctionne et perdure, réalise à l'inverse le miracle d'être à la fois efficace et efficiente. De savoir en même temps faire face à tous les impératifs techniques et fonctionnels qui se présentent à elle, et renouveler chaque jour parmi ses membres l'engagement dans l'action collective. La puissance et le niveau d'engagement, eux, relèvent pour l'essentiel du don et contre-don. Mais aussi de ce que nous proposons de nommer l'*adonnement*, le degré de passion et d'intérêt pour la tâche à accomplir. Le désir de s'y adonner. C'est de l'articulation entre don et adonnement que nous allons maintenant nous occuper dans cette troisième partie.

Dans les trois chapitres qui suivent, nous rassemblerons tous les fils du don et de l'adonnement afin de montrer, à partir d'une douzaine d'exemples[1], ce qui fait basculer une organisation des cercles vertueux aux vicieux et réciproquement. Six exemples diaboliques[2] seront ainsi passés en revue comme autant d'illustrations des obstacles à l'adonnement. Puis seront décodées les raisons de l'efficience du don et de l'adonnement à travers six exemples d'organisations « symboliques ». Celles-ci ne doivent pas pour autant être prises comme des modèles à imiter tels quels. En ce domaine, chaque entreprise

1. De nombreuses entreprises auraient pu faire l'objet de ces illustrations et nous avons tenté de panacher autant que faire se peut les secteurs d'activité et la taille des organisations.

2. Depuis le début de l'ouvrage, nous employons le terme de *diabolique*, sans aucune connotation morale mais dans son sens originel de ce qui sépare, par opposition au *symbolique*, ce qui rassemble.

ou organisation doit en effet développer sa propre culture du don et de l'adonnement au regard du contexte économique et social dans lequel elle se situe, de ses valeurs et de son histoire… C'est ce qu'il nous faudra préciser dans le chapitre 11 en effectuant une montée en généralité à partir des exemples précédemment donnés.

Chapitre 9

# Les obstacles à l'adonnement

## Le diabolique

Dans le chapitre 4, nous avons opéré un *distinguo* entre le don et la négociation, même s'il subsiste naturellement des zones de chevauchement entre eux. Si leurs modes de fonctionnement sont différents, ces deux registres de l'action constituent des systèmes décisionnels complémentaires au sein de l'organisation. De manière formelle ou informelle, de manière tacite ou explicite, la négociation peut intervenir dans tout échange quel qu'il soit, dès qu'une demande formulée dans le registre du don rencontre un refus ou encore lorsqu'un déséquilibre s'opère dans les échanges de dons et contre-dons, générant frustration, manque de respect et conflit. Dans ce cas, pour poursuivre l'échange, il faut se mettre d'accord. Les acteurs doivent alors sortir du registre de l'inconditionnalité pour énoncer leurs conditions : « Oui si… », ou « Non, à moins que… ». On peut tout aussi bien entrer directement en négociation, quand, à l'issue de la rencontre, il devra être précisé ce que chacun donne et reçoit en échange, lorsque ce qui transite est conditionnel et nécessite un minimum d'explicitation. C'est pourquoi, s'il y a des séquences de don et contre-don au démarrage d'une relation commerciale, la suite, la marche à suivre pour tomber d'accord sur les termes du partenariat ou du contrat, relève massivement de la négociation. Il en va de même d'une négociation sociale entre

RH et partenaires sociaux, ou encore de la spécification des tâches dévolues à chacun dans la négociation d'un projet.

Don et négociation constituent la partie immergée de l'iceberg organisationnel. Les constituants de la partie émergée, de la structure formelle, sont ce que E. Friedberg appelle le pouvoir et la règle[1]. La définition de chacun de ces termes mériterait une longue discussion. Pour distinguer, par exemple, entre pouvoir, autorité, puissance, domination, etc. Ou entre loi, règlements, usages ou coutumes. Notre objet dans ce livre étant d'attirer l'attention sur l'efficience du don et de l'adonnement, il ne nous est pas utile d'entrer dans cette discussion. Il nous suffit ici de poser le théorème suivant : le pouvoir et la règle sont légitimes et dotés d'efficace lorsque, au-delà de leur capacité à faire face aux contraintes économiques, techniques et fonctionnelles, ils contribuent à l'efficience du don et de l'adonnement, à la bonne adéquation entre structure formelle et structure informelle de l'organisation. Ils deviennent illégitimes et contreproductifs lorsque les règles vident le don et l'adonnement de leur substance en les réduisant à de pures obligations, lorsque le don se dissout dans le dû, et lorsque le pouvoir devient toujours moins *pouvoir de* et toujours plus *pouvoir sur*, c'est-à-dire domination.

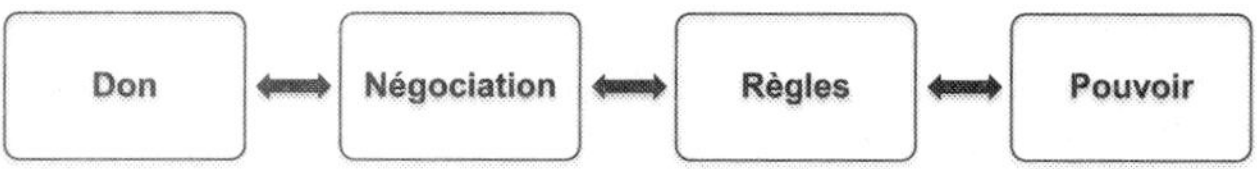


Pour résumer les différentes dynamiques de l'action au sein des organisations, il convient ainsi de considérer

1. E. Friedberg, *Le Pouvoir et la règle. Dynamiques de l'action organisée*, Paris, éd. du Seuil, 1993.

que le don intervient en premier lieu, puis vient la négociation, puis les règles et le pouvoir. Même si les interdépendances entre ces quatre moments sont toujours et nécessairement fortes, confondre les registres, vouloir simplifier et sortir de la complexité par la confusion des genres, génère le diabolique et les risques associés. Inversement, prendre la mesure de l'importance de chacun de ces registres et passer en conscience d'un registre à l'autre génère le symbolique et les bénéfices associés. Il ressort toutefois très nettement que les entreprises où le principe de Mauss fonctionne le mieux sont les TPE, les PME ou bien les grandes entreprises ayant conservé un fort actionnariat familial. Tout simplement parce que la direction sait inscrire son développement dans une histoire, une vision à long terme et une communauté d'intérêts et de valeurs. Le leader efficace et responsable sait ce qu'il doit à l'adonnement de ses collaborateurs et ce qu'il perdrait à ne pas le reconnaître.

Cette chaîne des registres de l'action fait apparaître trois sources d'obstacles à l'adonnement.

1. En amont : un contexte d'instabilité organisationnelle qui affaiblit le collectif, gêne l'expression de la gratitude et rend le contre-don plus qu'aléatoire.
2. En aval : des registres du pouvoir et de la règle, omniprésents, se présentant comme omniscients et omnipotents. Ils tendent à se muer en une domination arbitraire et se traduisent par des contraintes dénuées de sens qui avilissent les membres de l'organisation et tuent à la racine les initiatives.
3. Au fil de l'organisation : le cloisonnement des registres du don, de la négociation, de la règle et du pouvoir, qui aboutit à l'incapacité de passer de l'un à l'autre en situation de blocage.

## 1. Le don empêché par la réformite permanente

« Un homme seul est toujours en mauvaise compagnie », a écrit Paul Valéry[1]. Pour parvenir à accomplir une tâche, la première voie consiste à recruter un puis plusieurs collaborateurs qui viendront associer leur énergie à la nôtre dans une relation hiérarchique. C'est ainsi que les organigrammes sont déployés dans les organisations. Il s'agit, à travers la clarification formelle des rôles et place de chacun, de réduire les coûts de transaction inhérents à tout échange. Ronald Coase, prix Nobel d'économie, a montré que la théorie économique considère comme allant de soi que les coûts de transaction soient nuls. Pourtant, écrit-il[2], « si ce qu'il en coûte pour réaliser un échange quelconque excède le profit qu'on en tire, cet échange n'aura pas lieu ». D'où la nécessité de créer une institution, une entreprise ou une organisation lorsqu'un service ou une activité nécessaire ne peut pas être obtenu à travers un échange marchand. En plus du coût facilement quantifiable du temps de mission d'un prestataire externe, il convient en effet d'intégrer dans l'échange le temps nécessaire pour le faire monter en compétence sur la connaissance d'un métier spécifique à l'entreprise, le temps de négociation, d'exécution avec ses ajustements et de suivi du contrat… à tel point que bien souvent un recrutement interne s'impose logiquement. Pour autant, dans une période où les recrutements se font plus rares et où les managers sont de plus en plus amenés non seulement à manager des équipes mais des projets, la

1. P. Valéry, *L'Idée fixe ou Deux Hommes à la mer*, 1932, rééd. Gallimard, coll. « Idées », 1966.

2. R. Coase, *Le Coût du droit*, Paris, PUF, 2000.

deuxième voie consistant à mobiliser des collègues hors relation hiérarchique fait prendre conscience de l'importance de ce que de plus en plus d'entreprises appellent le « sociogramme ». Il s'agit de miser sur les relations informelles tissées entre les collaborateurs par leurs dons et contre-dons en dehors des considérations hiérarchiques pour favoriser la coopération. Encore faut-il préserver une certaine stabilité et consistance de ce collectif. À défaut de quoi ce sont tous les ressorts du don et de l'adonnement qui se grippent.

**Exemple 9 : le Pataphydon[1]**

Le Pataphydon est une créature inventée de toutes pièces par les pataphysiciens, savants ès choses absurdes et solutions imaginaires. Dans l'organisation, le Pataphydon n'a qu'une obsession : vouloir tout changer perpétuellement. Répéter ou reproduire ce qui fonctionne au sein de l'organisation n'a pas de sens pour le Pataphydon qui fascine par sa détermination à réinventer jusqu'au fil à couper le beurre. Arrivé à maturité, le Pataphydon génère un sentiment d'insécurité, voire de précarité chez les salariés qui ont croisé sa route. Y compris chez les salariés de la fonction publique, censés bénéficier d'un emploi stable. Parmi ses innombrables lieux de villégiature, citons l'exemple d'un établissement sanitaire et social tout ce qu'il y a de plus ordinaire.

Tout allait bien jusqu'à ce que l'on y introduise un Pataphydon. Aussitôt des réformes de toute nature virent le jour : restructuration des équipes, délocalisation et relocalisation de certains membres du personnel, redéfinition des fiches de poste, révision des objectifs, changement des plannings, mobilité de l'encadrement, décentralisation de certains services suivie de leur recentralisation, externalisation de certaines tâches suivie de la réinternalisation d'une partie d'entre elles, réorganisations multiples… À tel point qu'*in fine* les logiques collectives

1. À la différence des précédents portraits (Tyrannodon Rex, Timoraudon…) qui désignaient une personne physique, les exemples « diaboliques » qui suivent présentent le mal qui saisit le don comme une sorte de virus organisationnel (Pataphydon, Scléraudon…).

patiemment déployées par les dons et contre-dons dans cet établissement furent ruinées et les repères brisés. À quel saint se vouer, à qui se référer, quel modèle suivre, sur qui s'appuyer ou pouvoir compter... ? Le passage du Pataphydon dans cet établissement a déstabilisé au point que chacun se sente tout à la fois désabusé, vulnérable et isolé.

Comme le rappelle Sally Falk Moore[1] : « Un processus n'est pas nécessairement un changement. La répétition et la reproduction sont aussi des processus. Mais c'est le changement, plutôt que le processus, qui a captivé l'imagination des concepteurs de modèles. » Maintenir un avantage acquis, préserver une situation confortable, conserver ses parts de marché exigent autant d'énergie et de mouvement que de provoquer un changement et il convient de ne pas l'oublier. Pour Danièle Linhart[2], vouloir tout changer perpétuellement résulte d'une volonté délibérée d'affaiblir le collectif de travail, perçu dans certaines organisations comme un contre-pouvoir contestataire et néfaste à la flexibilité nécessaire et à l'autorité hiérarchique. Rapidement la question devient : comment donner et à qui donner quand le collectif est instable ? Comment jouer collectif quand seule l'individualisation des performances est reconnue ? La quête de reconnaissance, pivot central dans la réciprocité des dons et contre-dons, agit selon un cercle vertueux ou vicieux selon l'usage qui en est fait. Un don reçu sans gratitude se transforme rapidement en dû, comme on l'a vu, l'absence de réciprocité dans la relation provoquant même le risque de se retrouver instrumentalisé. Voyons ce qu'il advint à ce collectif de travail qui éprouva progressivement le

1. S. Falk Moore, *Social Facts and Fabrications, « Customary » Law on Kilimanjaro*, 1880-1980, Cambridge, Cambridge University Press, 1986.

2. D. Linhart, *Travailler sans les autres ?*, Paris, éd. du Seuil, 2009.

sentiment de se retrouver seul face à des responsabilités grandissantes et dont le défaut de reconnaissance de son surcroît d'adonnement coupa malheureusement court à ses prises d'initiatives.

**Exemple 10 : le Sclérodon**

Le Sclérodon semble avoir inspiré la médecine qui considère que la sclérose génère un « endurcissement morbide » des tissus du corps humain. Un tissu est sain lorsque ses différentes composantes coopèrent pour assurer son adaptation aux contraintes de l'environnement. À défaut de solidarité entre ses cellules, l'organisme passe rapidement de vie à trépas. Le Sclérodon agit de même en délitant le « tissu social » d'une organisation, au point que les acteurs qui le composent peuvent en arriver à travailler à sa déchéance. Un gros laboratoire de biologie a récemment croisé sa route, ce qui l'a mis en déroute et proche de la banqueroute. Au début, tout allait bien : une petite équipe, une grande autonomie laissée à chacun et une certaine complicité entre les techniciens chargés d'instrumenter les prélèvements et les biologistes propriétaires du Labo. La rançon de cette bonne ambiance et du travail bien fait a été une croissance « très », voire « trop » rapide.

Malgré de nombreux recrutements, la charge de travail répartie sur chaque technicien a beaucoup augmenté et chacun « s'est donné à fond » dans l'émulation suscitée par le succès. Pour autant, les biologistes accaparés non seulement par la délivrance des analyses, mais aussi par les tâches administratives et gestionnaires, se mirent à délaisser progressivement leurs activités managériales faute de temps. Des cadres intermédiaires furent positionnés. C'est là que le Sclérodon attaqua : si l'intention était louable, 6l'organisation se rigidifia car la « tête », presque inchangée, finit par se couper du « corps » devenu très conséquent. À quoi bon donner si la tête n'alimente le corps d'aucune gratitude ? Voici les principales revendications qui furent exprimées suite à la mise en place d'une médiation à la demande du CHSCT[1] saisi de ce malaise :

1. Le Comité d'hygiène, de sécurité et des conditions de travail (CHSCT) est constitué dans toutes les organisations d'au moins 50 salariés.

1. obtenir davantage de considération face aux contraintes et pressions rencontrées dans l'activité ;
2. prendre plus de temps pour les problèmes d'équipe et pas seulement sur les aspects techniques ;
3. améliorer la communication interne et informer les techniciens des projets d'évolution du labo ;
4. réinvestir les biologistes dans les entretiens d'évaluation, seuls à même de faire un retour sur la qualité du travail et les efforts fournis par les techniciens.

Comme le dit ce proverbe chinois : « Le poisson pourrit par la tête. » Au-delà des pathologies du don précédemment décrites, telles que le Tyrannodon Rex, le Megalodon, l'Harpadon… Norbert Alter[1] évoque en France l'« incapacité culturelle du management » à reconnaître le don. Ce n'est pas seulement le cas d'un individu isolé, tel le Highpophodon déjà évoqué, mais cela concerne parfois l'essentiel de la ligne managériale qui décourage le collectif de donner. L'ingratitude épuise l'adonnement. Quand la dynamique du don est atteinte, cela génère un délitement du lien social, un affaiblissement du collectif de travail et une exposition de l'organisation aux risques psychosociaux. C'est ce que défend le psychologue du travail Yves Clot[2] lorsqu'il affirme que « la souffrance n'est pas d'abord le résultat de l'activité réalisée. C'est ce qui ne peut pas être fait qui entame le plus. La souffrance trouve son origine dans les activités empêchées, qui ne cessent pourtant pas d'agir entre les travailleurs et en chacun d'eux sous prétexte qu'elles sont réduites au silence dans l'organisation ». Le travail empêché illustre le *hiatus* existant bien souvent entre le travail tel qu'il est prescrit et le travail réel, c'est-à-dire les tâches qu'il faut accomplir et repenser constamment

1. N. Alter, *op. cit.*
2. Y. Clot, *Le Travail à cœur. Pour en finir avec les risques psychosociaux*, Paris, La Découverte, 2010.

pour s'adapter au mieux aux contraintes du terrain. L'adonnement fournit cette nécessaire et continuelle adaptation créative. Le bien-être en entreprise est indissociablement lié au bien faire, au cœur que l'on met à l'ouvrage et donc à la liberté de façonner son travail, d'exprimer son talent et de révéler ses compétences. C'est pourquoi, les obstacles à cet adonnement génèrent de la souffrance au travail. Pour se prémunir des RPS (risques psychosociaux), il suffit d'encourager les salariés à se « désadonner », à ne plus se sentir atteints, si ce qu'ils font ne correspond pas à l'idée qu'ils se font du travail bien fait ou si personne ne semble se rendre compte qu'ils font plus que ce qui leur est demandé. Aucune entreprise ne peut naturellement le souhaiter, elle perdrait toute vitalité.

## 2. Le don stérilisé par la formalisation

Le principe de Mauss bat en brèche l'idée qu'une organisation puisse être réduite à un ensemble de règles. Cela se prouve très aisément *a contrario* par l'exemple bien connu de la grève du zèle, dont la traduction anglaise est encore plus explicite : « *just working for rules* ». L'organisation réduite à sa structure formelle sera vite paralysée et se mettra à dysfonctionner très nettement. Dans un aéroport, lorsque les agents de contrôle décident d'appliquer toutes les procédures à la lettre, de longues files d'attente commencent à se former, les passagers mis sous pression montent en tension, les retards s'accumulent au niveau des embarquements et tout le planning des vols est chamboulé. Jean-Daniel Reynaud[1] offre comme clé

1. J.-D. Reynaud, « Les régulations dans les organisations : régulation de contrôle et régulation autonome », *Revue française de sociologie*, vol. 29, n° 29, 1988.

de lecture les notions de « régulation de contrôle » et de « régulation autonome ». Ce qui définit la première, c'est « son orientation stratégique : peser de l'extérieur sur la régulation d'un groupe social ». Ce qui définit la régulation autonome, si l'on transpose à notre propos, relève de la partie informelle des échanges spontanés et inconditionnels de dons et contre-dons. Il n'est pas rare que la régulation dite de contrôle tente de prendre le pas de manière imposée et non négociée sur la régulation autonome. Or, formaliser le don, c'est tout simplement tuer l'adonnement comme l'illustre l'exemple diabolique suivant.

**Exemple 11 : le Velociraptodon**

Tiré des mots latins *velox* (« rapide ») et *raptor* (« pillard »), le Velociraptodon est le prédateur le plus connu des dons réalisés au sein d'une organisation. Son combat consiste tout simplement à formaliser les échanges informels, à chercher à transformer les usages et coutumes durablement installés en règles écrites. Le sentiment de liberté associé au fait de donner se mue en obligation, le don en dû, et l'adonnement s'appauvrit du même fait. Le Velociraptodon a sévi dernièrement dans une entreprise de haute technologie pour applications industrielles et militaires. L'objectif était de réguler les excès liés aux pots de départ. En effet, l'escalade du don avait dégénéré en une sorte de *potlatch* : au départ, une salle de réunion réservée au déjeuner avec une trentaine de convives suffisait, jusqu'au jour où un collaborateur réserva la salle du restaurant d'entreprise un vendredi après-midi vers 16 heures avec une centaine de convives qui festoyèrent plus que de coutume.

La maréchaussée, alertée par ces agapes, organisa un contrôle d'alcoolémie sur le chemin du retour de l'entreprise et cela fit grand bruit dans le landerneau local. Dans un premier mouvement d'humeur, la direction décida tout simplement d'interdire les pots de départ. Face à la levée de boucliers de l'ensemble du personnel qui entendait poursuivre ces célébrations, notamment pour les départs à la retraite, il fut décidé d'imposer des règles strictes : pas plus de 20-30 personnes, en fin de matinée avant l'heure du déjeuner, pas d'alcool et une PAF (participation aux frais) limitée à 30 euros. Autant dire que depuis le cœur n'y est plus : « On a tué l'esprit dans l'œuf, c'est devenu un pince-fesses ! »

Dans un registre en apparence moins expéditif, la formalisation du don résulte souvent du désir de prime abord louable de rationaliser le travail, désir qui échoue systématiquement lorsqu'il fait fi non seulement de la dimension subjective des relations du travail, mais aussi des limites à la rationalité bien connues dans les organisations depuis les travaux notamment de Herbert Simon[1], prix Nobel d'économie en 1978 pour son travail sur la place de l'intuition dans la prise de décision et la capacité limitée de traitement de l'information. Lorsque les acteurs d'une organisation ont trop d'informations à traiter, ils procèdent par tâtonnement, en se référant aux situations familières dont les caractéristiques ont été détaillées et figées dans leur mémoire. Vouloir tout rationaliser est une illusion et une illusion dangereuse de surcroît car cela conduit à éviter les prises de risque et pousse à persévérer dans des décisions absurdes. Deux chercheurs[2] ont développé le concept de « stupidité fonctionnelle » pour décrire les cultures d'entreprise prônant le « N'y réfléchissez pas, faites-le ». Ils attribuent ainsi la série de scandales qui a touché le monde de la finance au fait de décourager les salariés de toute velléité de sortir du cadre ou de remettre en cause les directives. De nombreux exemples diaboliques ont pour origine l'usage immodéré des méthodes de *lean management* qui, mal utilisées, coupent court à l'échange de savoirs et à la confrontation constructive sur le travail bien fait.

1. H. Simon, « Commentaries on previous papers », *in* A. Demailly et J.-L. Le Moigne (éd.), *Sciences de l'intelligence, sciences de l'artificiel*, Lyon, Presses universitaires de Lyon, 1986, p. 577-611.
2. A. Spicer et M. Alvesson, « A stupidity-based theory of organizations », *Journal of Management Studies*, vol. 49, novembre 2012.

**Exemple 12 : le Leanscieledon**

Le Leanscieledon se croise sous les traits du héraut du « lean management » (*lean* signifie littéralement « maigre ») et s'efforce d'imposer une cure d'amaigrissement aux organisations jugées trop « grasses ». Le Leanscieledon a la vertu de réduire les coûts et d'optimiser la performance. Cette démarche issue du toyotisme a fait ses preuves dans le domaine industriel très féru des processus d'amélioration continue des chaînes de production, de réduction des délais, des stocks, des défauts... afin de préserver la compétitivité face à la concurrence. Les changements opérés se sont faits avec plus ou moins de bonheur. Il en va tout autrement des activités de service où l'on recense des massacres du don « à la tronçonneuse ». Le plus célèbre étant le TTM ou « Time To Move » (retraduit par « Tire-Toi-Maintenant ») mis en application chez France Télécom qui entendait imposer à chaque salarié le fait de partir en mobilité tous les trois ans. Si cela pouvait se concevoir chez certains cadres, il en allait tout autrement des techniciens qui aimaient leur métier et se voyaient proposer de manière caricaturale une mobilité géographique ou une reconversion en centre d'appel. Il a fallu l'écho médiatique de nombreux suicides pour y mettre fin.

Le Leanscieledon vise aussi à repérer les *low performers*, ceux qui travaillent en deçà des moyennes individuelles établies par service sans tenir compte de la dimension collective. Le don est sa première cible, car il est considéré comme du temps non productif. Dans une banque, le Leanscieledon observa par exemple que les employés perdaient beaucoup de temps au démarrage des réunions à prendre des nouvelles et s'enquérir des humeurs des uns ou des autres. L'équation « nombre de réunions X nombre moyen de participants X temps perdu », fit naturellement apparaître une économie très substantielle en ETP (équivalent temps plein). Il fut ainsi décidé de placer dans les salles de réunion des tableaux avec trois « smileys » : ☺ 😐 ☹. Charge à chacun de mettre une croix dans la case correspondant à son état et d'aller s'asseoir promptement pour démarrer et finir la réunion *right on time*. Inutile de préciser que ce système a été abandonné depuis, car il exposait non seulement l'entreprise à une augmentation des risques psychosociaux, mais empêchait aussi toute démarche préventive. Sauf à plaisanter, personne n'osait évidemment faire état de son mal-être par une simple croix sur un « smiley ».

Bien sûr, dans le cas présent, la méthode du *lean management* a été appliquée de manière caricaturale et détournée, notamment en faisant fi de son treizième principe (sur 14) qui veut que les décisions soient prises lentement et par consensus. Le problème de ce principe, c'est que c'est précisément le plus complexe, car le consensus est tout sauf naturel. À tel point que bon nombre de cabinets de conseil en organisation ne s'embarrassent pas avec ce dernier si l'on en juge par les ravages provoqués par l'utilisation sans discernement de cette méthode. Un certain nombre de ces consultants jouent aux apprentis sorciers en considérant l'organisation comme un tableau électrique : il suffirait, expliquent-ils par exemple, de faire une dérivation de la compta en Espagne, du contrôle de gestion en Pologne… et les économies substantielles réalisées seront extraordinaires, ce d'autant si le groupe est international et que toutes les filiales jouent le jeu pour mutualiser les économies d'échelle. Nous sommes ici très précisément dans le cas de figure évoqué par la fable de *La Poule aux œufs d'or*, où l'on s'imagine que les salariés continueront à s'adonner comme avant face à un management désincarné. Le comble, à une époque d'inflation du risque psychosocial, est de constater qu'un des métiers les plus prisés à l'externalisation est précisément la fonction RH : par exemple, si vous souhaitez un interlocuteur RH[1] chez Unilever, contactez désormais « PeopleLink ».

1. S. Ogg, directeur des ressources humaines chez Unilever, justifie la démarche : « *This global outsourcing deal represents a major strategic choice for Unilever. We believe that it is best for our business if we concentrate on our core competencies and transfer what is our back office and make it into someone else's front office* », *in* brochure

Kimberly-Clark, HSBC… de plus en plus d'entreprises se sont laissé convaincre par cet argumentaire[1] plus éloquent qu'un long discours : *1. L'externalisation permet à l'entreprise de se focaliser sur des activités à forte valeur ajoutée, afin d'accroître sa flexibilité ;*

*2. l'entreprise pourra réaliser des gains de coût et d'efficacité, […] d'autant plus que cette activité n'est pas un facteur différenciant, ni du point de vue des clients, ni de celui des salariés.*

Ces deux arguments sont naturellement réfutés en bloc par le principe de Mauss : le facteur humain est précisément l'activité à forte valeur ajoutée dès lors que les conditions de son adonnement sont réunies. La politique RH est un facteur différenciant majeur qui explique les plus belles réussites entrepreneuriales. Henry Ford[2] le disait lui-même : « Vous pouvez prendre mes usines, brûler mes bâtiments, mais laissez-moi mes hommes et je reconstruirai mon activité. » Si vous en doutez encore, allez jeter un œil du côté de ces entreprises pour sonder ce qu'en pensent les salariés. Le bon sens n'est pas toujours ce qu'il y a de plus partagé quand le management évolue dans des sphères déconnectées de la réalité du terrain et du travail quotidien. À tel point que les juges n'hésitent plus à remettre en cause certaines réorganisations du travail[3] de nature à menacer la santé

---

de présentation *Accenture* de l'offre externalisation de la fonction RH, « Making the most of your workforce investment. Driving high performance through human resources business process outsourcing ».

1. *Les Échos*, « Déléguer les RH, ça paie ! » par I. Trari, le 12 octobre 2011.

2. Cité notamment par J. C. Maxwell, *Developing the Leaders Around You : How to Help Others Reach Their Full Potential*, Thomas Nelson Inc, 2003.

3. Cf. arrêt SNECMA (Cass. soc., 5 mars 2008) où il est décidé que la protection de la santé des salariés prime sur le pouvoir de

et/ou la sécurité des salariés. En son temps, Molière avait dénoncé les tartuffes qui, sous leurs airs doctes, infligeaient à leurs patients à grand renfort de clystères et de saignées des remèdes pires que le mal. Une inquiétante similitude se rencontre aujourd'hui chez certains consultants en organisation dont l'acharnement à vouloir tout formaliser et rationaliser précipite le déclin de leurs clients.

## 3. Le don empoisonné par les conflits improductifs

La dernière source d'obstacle à l'adonnement, et non la moindre, résulte des difficultés à passer d'un registre de l'action à l'autre, en situation de blocage. Le conflit entendu au sens qu'en donnent March et Simon[1], à savoir « un blocage des mécanismes normaux de prise de décision de sorte qu'un individu ou un groupe éprouve des difficultés à opérer le choix de son action », agit en ce domaine comme un révélateur. Quand la dynamique du don dysfonctionne, il en résulte au départ du conflit froid.

direction des employeurs : « Cette obligation légale de sécurité, qui est une obligation de résultat, a pour conséquence nécessaire d'interdire à l'employeur de prendre toute mesure pouvant être de nature à compromettre la santé ou la sécurité des travailleurs. » Dans la même lignée, la pratique du *benchmark* appliquée aux relations humaines dans la gestion des performances est condamnée à la Caisse d'épargne Rhône-Alpes Sud (TGI Lyon, 4 sept 2012). Enfin, citons l'arrêt FNAC (cour d'appel de Paris, 13 déc. 2012) où une réorganisation prévoyant notamment la disparition des fonctions communication, ressources humaines et finances au sein des magasins a été gelée au motif que « l'identification des risques psycho-sociaux » induits par le PSE « n'est pas suffisante ».

1. J. March et H. Simon, *Les Organisations. Problèmes psychosociologiques*, Paris, Dunod, 1999 (1958).

Dans la mesure où l'enjeu est avant tout relationnel, la peur de rompre le lien engendre des non-dits, des tensions latentes, voire de la mauvaise foi. La fréquence des dons et contre-dons s'amenuise, la réciprocité s'épuise et, dans le travail, la perte de confiance empêche la coopération de se faire de manière informelle. Michel Crozier[1] écrivait, il y a plus de quarante ans, que « l'évitement des relations en face à face », associé à « la difficulté ordinaire de faire face au conflit », était une caractéristique fondamentale du cadre d'action français. Les tentatives de manipulation et de contournement n'ont pas changé aujourd'hui. C'est un facteur essentiel pour comprendre notre niveau de stress record, notre niveau de satisfaction au travail et de taux d'emploi parmi les plus faibles d'Europe. Si l'on en croit ce jeu de mots attribué à Lacan, la maladie provient bien souvent du « mal à dire » et il n'y a donc rien d'étonnant à observer une consommation de psychotropes deux à quatre fois supérieure à nos voisins. Observons comment une ambiance de travail en arrive à se vitrifier.

**Exemple 13 : le Congéladon**

Le Congéladon n'est pas une espèce en voie de disparition. Il se rencontre très fréquemment dans les milieux assez feutrés de la haute expertise (financière, technique, juridique, médicale...), où la tendance à mépriser la forme des échanges au profit du fond est forte. Chez ces gens cultivés et intelligents, on ne ressent pas, on pense et on résout les problèmes rationnellement aussi sûrement que un et un font deux. Il n'y a donc pas de conflits, à peine quelques tensions impalpables mais quand elles surviennent on prend sur soi car ça ne se fait pas d'exprimer une contrariété, c'est mal vu. C'est pourquoi, le Congéladon

1. M. Crozier, *Le Phénomène bureaucratique*, Paris, éd. du Seuil, 1963. M. Crozier et E. Friedberg, *L'Acteur et le système*, *op. cit.*, 1992.

affectionne particulièrement les organisations où la moquette est épaisse car cela lui permet de s'y enfouir et d'y grandir confortablement. Un Congéladon a même récemment été croisé dans une organisation internationale réunissant paradoxalement bon nombre de diplomates.

Alors que le registre du don y dysfonctionnait, plutôt que d'aborder les sujets qui fâchent en entrant en négociation, le Congéladon laissait la relation s'étioler lentement dans un climat parfois glaciaire. Le Congéladon avait plus d'un tour dans son sac pour pourrir l'ambiance en vantant la politique de l'autruche. Il incitait à jouer par exemple la victime innocente ou le sans-espoir (« le monde est trop injuste »), à étiqueter ses interlocuteurs qui se voyaient ainsi affublés de surnoms peu amènes, à cultiver les sarcasmes et l'ironie, le dénigrement, voire l'autodénigrement pour couper l'herbe sous le pied aux critiques... Chacun était supposé avoir développé le don de lire dans les pensées et attendait de ses interlocuteurs qu'il sache ce qu'il éprouvait sans qu'il soit nécessaire de leur expliquer. Un diplomate pratiquait avec *maestria* l'agressivité passive : « Faites comme si je n'étais pas là » disait-il à ses collègues en réunion. À tel point que, lorsque la DRH mena une enquête sur la qualité de vie au travail, 30 % des membres de cette organisation déclarèrent avoir subi du harcèlement ou assisté passivement à de tels agissements sur leurs collègues, soit trois fois la moyenne mondiale !

Lorsque la relation se dégrade, il convient de sortir au plus vite de l'informel, de prendre le risque de « réchauffer » le conflit et d'entrer ainsi dans la sphère de la négociation. Si, jusque-là, cela ne se faisait pas de compter, c'est l'occasion maintenant de régler ses comptes, d'exprimer son ressenti et de faire valoir les intérêts lésés dans l'échange. Si les conditions d'une compréhension mutuelle sont réunies, être côte à côte face aux problèmes doit faire émerger des pistes de solution pour redéfinir les termes d'un terrain d'entente. La sphère de la négociation est bien plus adaptée que celle des règles ou du pouvoir, car, comme l'explique Gabrielle

Rubin[1] : « La valeur de la dette personnelle étant toujours d'ordre psychique (même s'il s'agit de biens matériels), sa valeur ne peut en être estimée que par le couple donateur/donataire, puisqu'il n'existe pas de références de valeur pour le remboursement de ces dons. » Toutefois, quand la dynamique de la négociation dysfonctionne, il en résulte du conflit chaud. Cela se traduit par des guerres de position, le refus d'entendre les demandes de l'autre et de prendre en compte ses intérêts. Chacun se refuse à intégrer l'autre dans son équation personnelle et les protagonistes s'épuisent le plus souvent en arguments et contre-arguments, bétonnant ainsi leurs lignes de défense et figeant toujours plus le débat. Le refus de négocier ou l'incapacité à se mettre d'accord peut conduire rapidement à un durcissement des échanges. Chacun projette l'ensemble des torts sur l'autre, perd le sens de la nuance et ne fait que répéter ses perceptions partisanes. Le conflit prend de l'ampleur via des tentatives de blocage, d'affrontement direct et des esquisses de coalitions avec des personnes restées jusque-là en dehors du conflit.

Si la négociation échoue, il est donc nécessaire de recadrer les débats en recourant à la règle, pour suppléer à l'incapacité des parties prenantes à traduire en une décision effective leurs intentions respectives. Ce pouvoir est conféré au droit, qui traduit le fait que, par la formalisation d'une infinité d'accords passés au fil du temps, un corpus de règles considérées comme justes a pu être légitimement établi. Les règles ont ainsi pour fonction première d'indiquer ce qu'il est communément admis de

1. G. Rubin, *Pourquoi on en veut aux gens qui nous font du bien : la haine de la dette*, Paris, Payot, 2006.

faire. Alvin Gouldner[1] y ajoute cinq fonctions latentes au sein des organisations :

- Elle (la règle) réduit les interactions directes avec la hiérarchie et la répétition des ordres.
- Elle permet le contrôle à distance.
- Elle limite l'arbitraire et légitime les sanctions.
- Elle spécifie ce qui doit être fait au minimum.
- Elle renforce la hiérarchie dans son pouvoir d'indulgence.

Quand la dynamique des règles ne suffit pas, le conflit se transforme en litige. Ainsi, à la lumière du droit, le conflit formule en termes de prétentions juridiques tandis que les infractions pouvant en résulter se voient qualifiées pénalement afin de dissuader les acteurs de recourir à la violence. Le conflit devenu litige, du latin[2] *litigium* (*litis* : procès et *agere* : conduire), se transforme littéralement en matière d'un procès. Il faudra nécessairement le recours à un tiers pour trancher ou faciliter la négociation devenue impossible.

Si le conflit poursuit malgré tout son escalade, les ultimes tentatives de recadrer les débats se feront par un recours au pouvoir. Ce dernier peut se définir[3] comme « un rapport de force, dont l'un peut retirer davantage que l'autre, mais où, également, l'un n'est jamais totalement démuni face à l'autre ». Avoir du pouvoir ne signifie pas nécessairement s'en servir avec habileté, d'autant que la perception que l'autre en a est fortement subjective, donc manipulable. Le pouvoir se joue dans la relation entre les individus et non dans leurs attributs.

1. A.W. Gouldner, *Patterns of Industrial Bureaucraty*, New York, Free Press, 1954.
2. G. Cornu, *Vocabulaire juridique*, Association Henri-Capitant, Paris, PUF, 1987.
3. M. Crozier et E. Friedberg, *L'Acteur et le système*, *op. cit.*, 1992.

Le plus souvent, il y a asymétrie des pouvoirs entre les acteurs de l'organisation tant en qualité du fait de son aspect multiforme qu'en quantité du fait de son aspect capitalisable, par exemple dans la capacité à créer et entretenir des coalitions. On dira qu'il y a usage du pouvoir dès lors qu'un acteur obtient chez un autre « la production d'effets recherchés » et qui n'eurent pas été spontanément adoptés, selon l'expression de Bertrand Russell[1].

**Exemple 14 : le Calcidon**

Le Calcidon génère une ambiance chaude, très chaude, du type « OK Corral ». Plus il y a de distance entre les salariés, plus il trouve le terreau incendiaire de son épanouissement, car il voit potentiellement de la violence de tous contre tous à mettre en œuvre. La direction justifie bien souvent cette ambiance par le fait de travailler dans l'urgence et de n'avoir plus le temps de réguler les relations de travail. Les managers sont considérés comme de grands chênes et c'est pourquoi ils ne voient à leurs pieds que des « glands » ! Pour s'en convaincre, ils mettent d'ailleurs tous sur leurs cartes de visite « Responsable », ce qui sous-entend bien que les autres salariés ne le sont pas. Prenez un organe de presse en pleine crise financière, mélangez le tout avec quelques ego et vedettes journalistiques affublés d'une nouvelle direction du type « je commande, tu exécutes », et vous aurez tous les éléments pour faire naître un Calcidon.

Dans ce cas si fréquent, les actionnaires annoncèrent que, face à la chute des ventes, il n'y avait guère d'autre choix que de se serrer la ceinture (baisse des budgets de fonctionnement mais aussi plan d'économies sur les salaires), puis le discours se durcit encore d'un cran lorsqu'il fut précisé qu'il n'y aurait pas de places pour tout le monde dans les projets de sauvegarde. Dans un tel contexte, l'erreur la plus commune consiste

1. Ce qui rejoint la définition qu'en donne R. Dahl : « capacité d'une personne A à obtenir qu'une personne B fasse quelque chose qu'elle n'aurait pas fait sans l'intervention de A », *in* « The concept of power », *Behavorial Science*, vol. 2, n° 3, juillet 1957.

à penser que le Calcidon partira si on lui offre des sacrifices. À court terme, cela apaisa effectivement les tensions entre les salariés... car ils se retournèrent comme un seul homme contre la direction et se mirent à voter des « motions de défiance ». Sauf qu'ils oublièrent que le profilage usuel d'un bon bouc émissaire suppose non seulement qu'il soit innocent, mais surtout qu'il soit faible. Or, le directeur était soutenu par les actionnaires et le couperet fut renvoyé sur les têtes qui dépassaient parmi les contestataires. Autant dire que les seuls contre-dons qui circulèrent encore furent de rendre coup pour coup.

Quand la dynamique du pouvoir reste impuissante, l'usage abusif de la force tourne littéralement à la *violence*. Il s'agit non plus de dominer l'autre, d'avoir raison ou de l'emporter, mais de lui faire perdre la face, voire d'anéantir son adversaire. Après les menaces, vient le passage à l'acte avec des atteintes à l'intégrité psychique, voire à l'intégrité physique. L'autre n'est plus considéré comme un semblable. Il y a confusion totale entre le problème et la personne. Les causes du conflit sont perdues de vue et tous se focalisent sur les effets du conflit et ses dommages collatéraux. À défaut de pouvoir sortir de l'escalade en revenant à une saine gestion du conflit originel, la distance interpersonnelle se creuse et un cycle infernal de la vengeance est déclenché sauf à purger régulièrement la violence collective par le sacrifice d'un bouc émissaire[1]. Pour autant, ce sacrifice ne fait qu'apaiser momentanément les actes de violence au sein de l'organisation qui ne manqueront pas de ressurgir à la première occasion. Le conflit non géré demeure, et ses manifestations violentes ne sont que reportées dans le temps par le sacrifice d'une victime expiatoire.

1. R. Girard, *Le Bouc émissaire*, Paris, Grasset, 1982.

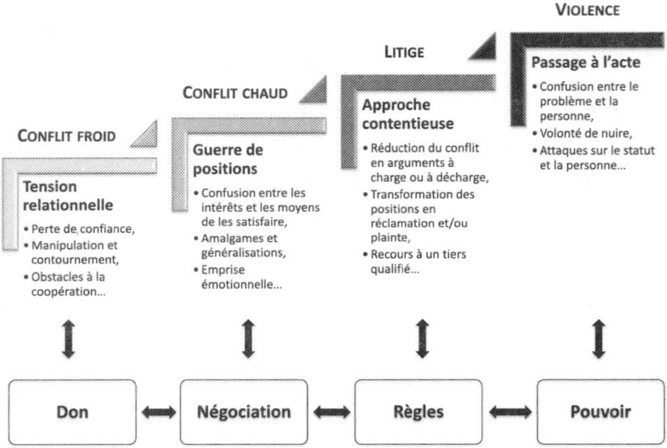


Naturellement cette escalade progressive n'est pas toujours linéaire, certaines étapes peuvent être sautées. Un conflit froid qui dure et génère des tensions explosives peut provoquer un recours direct à la violence sans qu'il n'y ait jamais eu de tentatives de s'exprimer sur ses difficultés ou frustrations. Un conflit chaud peut résulter d'une négociation entamée avec un interlocuteur où la sphère du don est peu ou pas développée. Face au conflit, de nombreuses coutumes, parmi les plus anciennes, d'Afrique, d'Asie ou d'Océanie, recommandent aussi de mettre en scène l'inconditionnalité du lien par des échanges de cadeaux ou des sacrifices. Cela renvoie à la commune origine étymologique de « payer » et « faire la paix », déjà signalée. Les quatre marches de l'escalade conflictuelle montrent à quel point il importe d'intervenir de manière préventive et de crever l'abcès dès l'apparition des premières tensions, ce qui implique, parfois, de passer du conflit latent au conflit manifeste voire ouvert, pour amener son interlocuteur à s'expliquer. Ce schéma illustre qu'il n'y a pas de « petits » conflits ; tout dépend non seulement de l'importance des enjeux, mais aussi et surtout du stade atteint. Dans la mesure où les « marches » ne se montent pas en étant seul, les torts sont toujours partagés dès lors que se produit ce passage du symbolique au diabolique.

Chapitre 10

# L'efficience de l'adonnement

## Le symbolique

Dans la deuxième partie, nous nous sommes attachés à donner quelques exemples des multiples dérèglements susceptibles de perturber le cycle du *demander-donner-recevoir-rendre*. Mais nous l'avons fait en nous bornant à analyser la dimension des relations interpersonnelles telles qu'elles se structurent à partir de la dialectique de l'intérêt pour soi et de l'intérêt pour autrui. Il nous faut maintenant nous attacher non plus, en négatif, à ce qui ne marche pas, mais compléter, en positif, l'analyse de ce qui fait qu'une organisation tourne bien. Soit notre équipe de foot, encore une fois. Chaque joueur au départ rivalise avec les autres joueurs de l'équipe pour être le meilleur. Le meilleur à son poste, et le meilleur en général, meilleur avant-centre ou ailier droit que les trois ou quatre autres qui jouent habituellement à ce poste. Mais aussi le meilleur coureur de tous, le plus rapide et le plus endurant, le meilleur tireur de penalties ou de coups francs, le meilleur dribbleur ou le meilleur jongleur (sans compter les qualités extrasportives, la tchatche, les voitures, les marques, etc.). Chacun aime le foot et s'adonne au jeu, mais, à ce stade, à titre seulement individuel. Chacun pour soi. Si on en restait là, le climat de l'équipe deviendrait vite irrespirable. Une lutte et une rivalité permanentes de tous contre tous contamineraient tout. Le rôle du coach est de transformer les qualités et les adonnements individuels en engagements au bénéfice du collectif grâce au respect des règles et du plan de jeu. Chacun s'y conformant dans le registre de l'obligation peut à la fois commencer à cesser de « jouer perso », passer et recevoir le ballon, et si, comme il se doit, le plan de jeu n'est pas trop rigide et mécanique, exercer en même temps, dans le cadre du schéma de jeu imposé, sa liberté et sa créativité. Réciproquement, plus l'adonnement au collectif et la confiance entre les joueurs progressent, plus les résultats sont là, plus il y a de plaisir à jouer et d'amitié partagée. Et toujours plus de résultats, de plaisir et d'engouement… Jusqu'à ce qu'un grain de sable apparaisse, de l'ordre de ceux que nous avons analysés dans la deuxième partie, et que, « pour un oui, pour un non », l'amitié se fasse moins vive, le plaisir de jouer ensemble diminue, et que les résultats s'en ressentent. Au coach, alors, de savoir mettre en œuvre le principe de Mauss et de redresser la barre.

Pour bien comprendre les ressorts de l'efficience d'une organisation, il faut donc à la fois se demander ce qui circule, horizontalement, entre ses membres, ce qu'ils se donnent (ou se prennent), et ce qui se joue, verticalement, dans le registre de l'adonnement à la tâche ou à l'organisation. Dans ce chapitre, nous nous proposons d'apporter quelques éléments d'analyse théorique générale sur cette question que nous illustrerons ensuite par six exemples d'entreprises qui appliquent peu ou prou le principe de Mauss, même si, comme Monsieur Jourdain, elles ne le connaissent pas sous ce nom.

## 1. Motivations intrinsèques et motivations extrinsèques : les leçons de Bruno Frey

Une des principales découvertes de la science économique contemporaine est celle qu'a réalisée il y a une quinzaine d'années le chercheur suisse Bruno Frey en distinguant entre ce qu'il appelle les motivations intrinsèques et les motivations extrinsèques. Les premières renvoient aux choses que nous faisons par plaisir, parce que nous avons simplement envie de les faire et aimons que ce soit bien fait. Si, au contraire, ce qui nous motive se trouve du côté des motivations extrinsèques, à savoir l'argent, le pouvoir ou le prestige en tant que tels, alors peu importe que nous les obtenions dans telle activité plutôt que dans telle autre. Le choix de l'activité ou du métier est indifférent. Les motivations intrinsèques, au contraire, sont liées à un type d'activité déterminée. Au plaisir du foot pour le footballeur qui aime le jeu, à la grandeur de la médecine pour le médecin qui a la vocation, à la richesse du piano pour le pianiste, etc.

Le résultat décisif qu'a obtenu B. Frey en testant la pertinence de cette distinction sur tout un ensemble de domaines empiriques, c'est, comme l'écrit Maya Beauvallet – qui a plus que tout autre contribué à faire connaître ces analyses par le public français –, que « les motivations extrinsèques affaiblissent les motivations intrinsèques[1] ». Par exemple, il pourrait sembler judicieux, pour accroître la motivation et l'efficacité des membres bénévoles d'une association, de les payer au

1. M. Beauvallet, *Les Stratégies absurdes. Comment faire pire en croyant faire mieux*, Paris, éd. du Seuil, 2009. Ces résultats sont abondamment commentés par D. Cohen, in *Homo œconomicus*, *op. cit.*

moins un peu pour faire, plus et mieux, ce qu'ils faisaient auparavant gratuitement. Or, le résultat est inverse de ce qu'on escomptait. Loin de travailler davantage, les bénévoles ainsi rémunérés et « intéressés » consacrent moins de temps à l'association. On peut ici faire jouer la conclusion que tire M. Beauvallet, dans le même ordre d'idées, à propos de l'enfant qui en fait encore moins pour aider aux tâches ménagères dès qu'on croit l'inciter à en faire plus en le payant pour cela : « Parce qu'il croyait faire cela pour le plaisir et vous venez de lui expliquer qu'il était vraiment trop bête de le faire gratuitement. »

De ses analyses, B. Frey tire au moins deux conclusions tout à fait essentielles pour notre propos. La première est que, si l'on veut remplacer du travail gratuit par du travail rémunéré, alors il faut bien le payer. Une petite somme ne suffira pas et aura au contraire un effet de « désincitation ». En l'occurrence, aux États-Unis, d'après son étude[1] menée à la fin des années 1990, il faut payer les bénévoles au moins 50 dollars par semaine d'environ quatorze heures pour qu'ils acceptent de faire le même nombre d'heures que quand ils n'étaient pas payés. Comme l'écrivent deux autres économistes : « *Pay enough or don't pay at all*[2]. » Curieusement, Maya Beauvallet en déduit que « le gratuit coûte finalement très cher[3] ». Or, les résultats mêmes qu'elle présente justifient amplement la conclusion inverse. Ce n'est pas le gratuit qui coûte cher, c'est sa monétarisation. Ce n'est

1. B. Frey et L. Goette, « Does pay motivate volunteers ? », Institute for Empirical Resarch in Economics, University of Zurich, *Working Papers Series*, n° 7, 1999. Cité par M. Beauvallet, *op. cit.*, p. 23.

2. U. Gneezy et A. Rustinichini, « Pay enough or don't pay at all », *The Quarterly Journal of Economics*, vol. 115, n° 3, 2000.

3. *Ibid.*

pas le don, mais son déni ou son refoulement. Plutôt que de calculer tout ce qu'il faut payer pour le remplacer, plus judicieux serait d'évaluer les dépenses qu'il permet d'éviter. À suivre le fil de ce raisonnement, comme il convient de le faire, on en arrivera vite à la conclusion qui s'impose, corollaire du principe de Mauss : la condition même de l'efficience et de la rentabilité, c'est l'existence du don et d'une certaine gratuité. Nous y reviendrons.

La seconde conclusion, tout aussi essentielle, à laquelle arrive Bruno Frey ressort d'un autre exemple. Celui de directeurs de crèche israéliens qui, lassés qu'un certain nombre de parents d'élèves arrivent toujours en retard pour venir chercher leur progéniture, décidèrent d'infliger une amende aux retardataires. Comme le lecteur peut maintenant s'en douter, cette mesure apparemment de bon sens produisit le résultat inverse de celui escompté. Il se traduisit par une augmentation régulière du nombre des retardataires. Mais la leçon importante ici n'est pas celle-là, que nous connaissons déjà : la substitution des motivations extrinsèques aux motivations intrinsèques est contre-productive (sauf à ce qu'il y ait de très fortes motivations extrinsèques...). Elle est que, une fois les motivations intrinsèques détruites, il est à peu près impossible de les faire renaître de leurs cendres. Au bout de la dix-septième semaine, les amendes pour retard furent supprimées. Mais le taux des retards resta identique à ce qu'il était devenu depuis l'instauration des amendes. Si finalement le retard ne coûte pas plus cher qu'une heure de baby-sitter, à quoi bon faire un effort, se dirent nombre de parents ! Le basculement d'une logique sociale de la réciprocité et de l'obligation de donner et rendre à une logique purement économique produit des dégâts difficilement réparables. Les motivations intrinsèques, anti-utilitaristes, sont précieuses, plus précieuses que tout, mais éminemment fragiles. Telle est la seconde leçon.

**Le bonheur au travail**

Un sondage Vivavoice réalisé pour *Le Nouvel Observateur*[1] auprès de plus de 5 000 actifs illustre à merveille la force des motivations intrinsèques qui expliquent les résultats auxquels les enquêteurs ne s'attendaient absolument pas. Il est possible d'être particulièrement heureux au travail dans des professions mal payées et où les conditions matérielles de travail sont pénibles, pour peu qu'on y trouve du sens, et notamment celui d'être utile à la société, de la solidarité, de la liberté et de la créativité. Les plus heureux sont ainsi les cadres de la fonction publique (90 %), les agriculteurs (86 %), les enseignants (85 %), les artisans et commerçants (84 %), les médecins (84 %), les professions libérales et les infirmiers ou aides-soignants (81 %). Les cadres d'entreprise ou les ingénieurs, quoique bien payés, ne sont heureux qu'à 77 % et les professionnels de la banque et de l'assurance à 63 %. Selon cette enquête, les trois facteurs principaux du bonheur au travail sont :
– la passion pour son métier ;
– le sentiment d'être utile à la société… *« de participer à une œuvre collective et concrète, une construction qui dure et qu'on peut montrer »,* précise Yves Clot ;
– le sentiment de reconnaissance, notamment par sa hiérarchie.

Le grand avantage de la distinction entre motivations intrinsèques et motivations extrinsèques c'est qu'elle est désormais admise dans le corpus théorique de la science économique standard. Ce qui ne va nullement de soi puisque, si l'on y réfléchit, il est clair qu'elle sape à la racine le modèle de l'*Homo œconomicus* sur lequel cette discipline s'édifie : celui d'un individu maximisateur,

1. *Nouvel Observateur*, 24 octobre 2013, p. 106 *sq.*

indifférent aux autres et soucieux uniquement de son intérêt personnel, à commencer et principalement de son intérêt monétaire. Mais la raison pour laquelle cette distinction compromet radicalement le modèle de l'*Homo œconomicus*, si toutefois on la prend pleinement au sérieux et on en tire toutes les conséquences, apparaîtra mieux et plus clairement si on la reformule dans le langage anti-utilitariste du paradigme du don.

Celui-ci s'est développé à partir du double constat de l'omniprésence du discours de l'intérêt et de son indétermination. Omniprésence dans la science économique, bien sûr, mais aussi, dans une bonne partie de la psychologie ou de la psychanalyse, de la sociologie, de l'histoire ou de la philosophie morale et politique, où règne en effet l'idée que tous nos actes s'expliquent par l'« intérêt ». Et c'est d'ailleurs ainsi que nous raisonnons tous spontanément, le plus souvent. Si untel ou untel fait ceci, c'est, pensons-nous, parce qu'« il doit bien y avoir un intérêt ». Or, cette certitude confond sous le seul mot d'intérêt au moins deux choses totalement différentes. Ce n'est en effet pas du tout pareil, pour en rester au foot, de jouer au foot par plaisir, voire par passion, parce qu'on éprouve de l'*intérêt pour* le foot (ou pour les maths, la peinture, le voyage, les techniques, l'amour, la littérature, etc.) ou bien parce que c'est devenu son gagne-pain et qu'on a donc *intérêt à* y jouer pour gagner sa vie[1]. Où l'on retrouve les motivations intrinsèques et extrinsèques, toujours mêlées, en réalité, « hybridées » disait Mauss.

1. Cette distinction entre *intérêt à* et *intérêt pour*, qui anticipait la distinction des motivations extrinsèques et intrinsèques, était présentée *in* A. Caillé, *Don, intérêt et désintéressement. Bourdieu, Mauss, Platon et quelques autres*, Paris, La Découverte, 1994 (rééd. 2005 et 2014), p. 267.

## 2. Puissances de l'autonomie : les motivations selon Dan Pink

Une fois ces distinctions opérées, la question qui se pose est celle de la puissance relative de ces différentes motivations. Variables, bien évidemment, selon les organisations, les situations et les individus. Mais, en moyenne ? Et tendanciellement ? À cette question on trouvera des éléments de réponse importants chez l'essayiste Dan Pink, ancien rédacteur des discours du vice-président Al Gore. Dans son ouvrage, *La Vérité sur ce qui nous motive*, il présente un compte rendu très éclairant de toute une série d'expériences menées par des psychologues américains depuis les années 1940[1]. Elles prennent le contre-pied radical des vérités qu'on croyait les mieux établies en matière de psychologie au travail. Le premier auteur à avoir mis en lumière la puissance des motivations intrinsèques est le psychologue Harry F. Harlow. Le piquant de l'affaire est qu'il les découvrit à l'occasion d'une étude menée sur… huit macaques rhésus à qui l'on proposait de résoudre un casse-tête. Tâche dont ils ne s'acquittaient pas mal, et avec un plaisir manifeste. Or, dès qu'on commença à vouloir les récompenser, avec des raisins par exemple, ils cessèrent de s'y intéresser et réussirent beaucoup moins bien. Face au scepticisme ambiant, Harlow, qui allait devenir plus tard président de l'American Psychological Association, abandonna ce sujet d'étude. C'est à partir de 1969 que sa découverte fut actualisée et expérimentée en grand par un jeune psychologue, Edward Deci. Ce que démontrent les études de Deci c'est que « quand l'argent est utilisé comme

1. D. Pink, *La Vérité sur ce qui nous motive*, Paris, Leduc.s Éditions, 2011.

récompense extérieure d'une activité, le sujet attache moins d'intérêt à cette activité elle-même[1] ».

Une expérience menée par quatre économistes auprès des étudiants du MIT, puis reproduite dans d'autres contextes culturels comme en Inde, apporte à cette thèse une confirmation impressionnante. Pour accomplir un certain nombre de tâches, un tiers du groupe s'est vu proposer une récompense, très faible, de quatre roupies (l'équivalent d'un jour de travail), un deuxième tiers une récompense de quarante roupies (l'équivalent de deux semaines de salaire), et le troisième quatre cents roupies, soit près de cinq mois de salaire. Le résultat, déconcertant, a été que le deuxième groupe n'a pas fait mieux que le premier, et que le troisième a fait beaucoup moins bien que les deux premiers[2] pour huit des neuf tâches examinées. Nous avons donné une idée de la quantité monétaire nécessaire pour substituer en partie des motivations extrinsèques à de pures motivations intrinsèques chez des bénévoles (50 dollars par semaine de quatorze heures). Cela ne permet pas pour autant, si l'on en croit cette autre expérience, d'atteindre le même niveau de productivité et de qualité.

Impossible et inutile de présenter ici les multiples études qui ont suivi et confirmé les premiers résultats d'Edward Deci, et les discussions auxquelles elles ont donné lieu. N'en retenons que deux idées, dont les rapports avec

1. E. L. Deci, « Effects of externally mediated rewards on intrinsic motivation », *Journal of Personal and Social Psychology*, n° 18 (1971), p. 114. Cité par D. Pink, *La Vérité sur ce qui nous motive, op. cit.,* p. 10. Les travaux de l'économiste B. Frey se sont développés dans le sillage de ces expériences des psychologues américains.

2. D. Ariely, U. Gneezy, G. Lowenstein, N. Mazar, « Lare stakes and big mistakes », *Federal Reserve Bank of Boston Working Paper*, n° 5-11, 23 juillet 2005, cité *in* D. Pink, *La Vérité sur ce qui nous motive, op. cit.,* p. 55.

la question du don sont particulièrement clairs et parlants. La première est que, bien évidemment, ce qu'elles démontrent n'est pas qu'il ne faudrait pas rémunérer correctement ceux qui travaillent bien, mais que c'est le statut du rapport entre quantité, qualité et rémunération du travail qu'il faut repenser. En ce qui concerne, par exemple, une prime ou une gratification accordée pour récompenser un surcroît de travail, ou sa qualité exceptionnelle, la règle à observer est que « toute récompense extrinsèque doit être inattendue et offerte une fois le travail terminé ». C'est le seul moyen, en effet, expliquent Deci et ses collaborateurs, pour ne pas miner la motivation intrinsèque[1]. On retrouve là très exactement la même logique paradoxale que dans le don. Ce n'est que pour autant que le don est fait spontanément, de manière désintéressée, ou en tout cas sans penser d'abord au retour, qu'il peut susciter de la gratitude et donner lieu à un contre-don… intéressant.

L'autre leçon précède de beaucoup tous ces travaux menés par les psychologues américains. Elle est donnée par Mark Twain dans son célèbre roman, *Les Aventures de Tom Sawyer*. Tom, contraint par sa tante Polly de passer à la chaux trente mètres de palissade et moqué par son copain Ben, réussit à lui faire croire que c'est lui qui a décidé de le faire, pour le plaisir, et que rien n'est plus amusant. Il refuse énergiquement de laisser Ben peindre lui-même, sauf à ce que ce dernier lui offre une pomme pour accéder à ce privilège. Et, bientôt, ce sont tous les garçons du coin qui se pressent pour participer à la peinture de la palissade. La conclusion qu'en tire M. Twain est que « travailler, c'est faire tout ce qui nous est imposé, et s'amuser exactement l'inverse[2] ». Mais le corollaire de

1. D. Pink, *La Vérité sur ce qui nous motive, op. cit.*, p. 86.
2. Cité par D. Pink, *id.*, p. 50.

cette conclusion est que nous ne prenons de plaisir qu'à ce que nous décidons de faire de manière autonome[1].

C'est cette idée que développe et précise en 2000 Edward Deci, en collaboration avec un jeune philosophe, Richard M. Ryan, sous l'appellation de Théorie de l'autodétermination[2], dont la thèse centrale est que « l'être humain est naturellement enclin à cultiver l'autonomie, l'autodétermination et les relations avec ses semblables. Quand cette pulsion est libérée, il réussit mieux et son existence est plus riche[3] ». Ou encore, que l'être humain recherche l'autonomie et la maîtrise de ce qu'il fait, la satisfaction dans ses relations avec ses semblables et la finalité, autrement dit le sens de ce qu'il fait[4]. Dans la perspective qui nous occupe ici du fonctionnement dans les organisations, il devient possible de formuler les choses ainsi :

***Motivations extrinsèques, ce qui a trait :***

1) à la carrière et au salaire ; au désir de pouvoir ou de prestige.

***Motivations intrinsèques, ce qui a trait :***

2) à l'éthique et aux valeurs ;
3) à la solidarité et à la confiance ;
4) à l'autonomie et à la créativité.

1. Où l'on retrouve l'idée centrale d'Aristote.
2. R. M. Ryan et E. L. Deci, « Self-determination theory and the facilitation of intrinsic motivation, social development and well-being », *American Psychologist*, n° 55, janvier 2000.
3. D. Pink, *La Vérité sur ce qui nous motive, op. cit.*, p. 92.
4. Nous avons fusionné deux typologies présentées par D. Pink d'une manière qui nous a semblé ne pas être totalement cohérente.

Quel est leur poids, demandions-nous ? La thèse centrale de D. Pink est que ce qu'il appelle le système du bâton et de la carotte, des sanctions et des récompenses, était adapté dans le cadre industriel classique, taylorien ou fordiste, celui qui reposait sur des tâches « algorithmiques », répétitives et mécanisables, à l'opposé des activités « heuristiques » qui impliquent de l'inventivité. D'après le cabinet McKinsey, aujourd'hui « les tâches algorithmiques ne représentent plus que 30 % de la croissance des emplois aux États-Unis, contre 70 % pour les tâches heuristiques[1] ». Au moins pour ces dernières, le principe de Mauss est déterminant. Mais on peut faire l'hypothèse que, même dans le cadre des tâches « algorithmiques » et répétitives, il l'était déjà beaucoup plus que ne le laissaient croire les théories classiques du management. Après tout, les ouvrières de la Western Electric étudiées par Mayo accomplissaient des tâches algorithmiques, elles aussi. Ce qui n'empêchait pas leur productivité de varier du tout au tout selon le contexte humain dans lequel elles travaillaient.

La question se repose donc à nouveau : qu'est-ce qui se donne et pourquoi s'adonne-t-on dans les organisations efficientes ? Après avoir donné six exemples diaboliques (Le Pataphydon, le Sclérodon, le Velociraptodon, le Leanscieledon, le Congéladon et le Calcidon), nous vous proposons de voyager au travers de six organisations symboliques[2]. Ces six exemples viennent pour un tiers d'outre-Atlantique avec Southwest Airlines et Zappos et pour les deux autres tiers des pays francophones avec le service public de la Sécurité sociale belge, Petzl, Favi et L'Oréal. Ces dernières entreprises ont accepté de nous

1. D. Pink, *id.,* p. 43.

2. La symbolique du chiffre 6 a ceci d'extraordinaire qu'il s'associe aussi bien au diable (666) qu'à l'harmonie et la perfection.

donner une interview par la voix de leur représentant(e) que nous avons retranscrite ici. Pour autant, choisir ces exemples n'a pas toujours été facile car si l'on déplore la « bureaucratie », écrit Gary Hamel[1], « elle constitue encore le principe organisateur de pratiquement toutes les organisations commerciales ou du secteur public du monde, y compris la vôtre ».

## 3. Six illustrations et témoignages d'organisations symboliques

### L'entreprise Southwest Airlines

Le premier réflexe du lecteur de ce cas exemplaire sera sûrement de se dire que de telles recettes – celles que nous tentons de penser sous l'égide du principe de Mauss – ne peuvent marcher que dans le cas de petites et moyennes entreprises. Pourtant, ce sont également elles qui inspirent la compagnie aérienne Southwest Airlines[2], cofondée et longtemps dirigée par Herb Kelleher. Fondée en 1971, elle était en 2010 le premier transporteur aérien américain (101 millions de passagers) et le plus performant, selon de multiples critères : marge opérationnelle la plus élevée, taux le plus faible d'erreurs de service, productivité du personnel la plus élevée, etc. Herb Kelleher, selon qui « le meilleur leadership est humaniste par nature », s'inspire du concept de « leadership

1. G. Hamel, *La Fin du management. Inventer les règles de demain*, Paris, Vuibert, 2007. Certaines entreprises se sont fait connaître pour leurs innovations managériales, mais beaucoup se sont laissé rattraper par la logique gestionnaire. Yahoo, après avoir été fer de lance du télétravail, l'a complètement interdit depuis juin 2013. Google, connu pour laisser à ses collaborateurs depuis 2004 un jour par semaine pour travailler sur leurs projets personnels dès lors que ces derniers restent liés à l'activité de l'entreprise, y a renoncé fin 2013.

2. Cet exemple nous a été fourni par J. Lecomte (communication personnelle) qui le présente de manière développée dans son livre à paraître aux éditions Les Arènes, sous le titre *Heureux et solidaires au travail*, et dans lequel il en donne de nombreux autres.

serviteur », proposé par Robert Greenleaf, qui a écrit ses convictions après une longue carrière de manager[1]. Southwest Airlines pratique une politique de partage des bénéfices, de communication approfondie avec ses employés, de haut niveau d'implication des cadres avec les employés, de recrutement sélectif des salariés, en fonction non seulement de leurs compétences, mais également de leur goût pour le service, de règles de travail flexibles, etc. En conséquence, elle figure régulièrement dans la liste des entreprises où il est le plus intéressant de travailler, publiée par le magazine *Fortune*. Il ne s'agit ici nullement de paternalisme : 89 % du personnel est syndiqué contre une moyenne de 69 % dans les autres grandes compagnies aériennes. Elle est pourtant l'entreprise de transport aérien la plus rentable. Un principe majeur de l'entreprise est d'éviter les licenciements. Herb Kelleher déclarait ainsi en mai 2001 : « Rien ne tue aussi efficacement la culture de votre entreprise que les licenciements. Personne n'a jamais été limogé [à Southwest] et ceci est sans précédent dans l'univers des compagnies aériennes. Cela a été l'une de nos grandes forces. [...] Ne pas licencier entraîne de la loyauté. Cela génère un sentiment de sécurité, un sentiment de confiance. Vous prenez donc soin d'eux dans les moments difficiles, et dans les moments faciles ; ils peuvent alors penser : "Nous n'avons jamais perdu notre emploi. C'est une bonne raison pour rester ici[2]." »

*A contrario*, suite aux attentats du 11 septembre 2001, les principales sociétés aéronautiques américaines ont diminué leurs vols d'une moyenne de 20 % et ont licencié en moyenne 16 % de leurs employés[3]. Les dirigeants d'US Airways, le concurrent direct de Southwest Airlines, ont ainsi de leur côté réalisé la plus grosse vague de licenciements de toute l'industrie de transport aérien (24 % de réduction du personnel). Ce qui était en droite ligne de l'histoire de cette entreprise. Grâce à cela, le directeur a rétabli

1. R. K. Greenleaf, *Servant Leadership,* Mahwah, NJ, Paulist Press, 1977.

2. K. Brooker, « The chairman of the board looks back », *Fortune*, n° 62, 28 mai 2001.

3. J. H. Gittell, K. Cameron, S. Lim, et V. Rivas, « Relationships, layoffs, and organizational resilience : Airline industry responses to September 11 », *The Journal of Applied Behavioral Science*, n° 42 (3), 2006, p. 300-329.

la rentabilité d'US Airways avant de la revendre à Northwest. Il a ensuite agi à peu près identiquement avec une autre, puis une autre encore, réalisant à chaque fois d'importants gains financiers, mais au détriment des entreprises. Au cours des années qui ont suivi, US Airways est en effet resté avec un fort taux d'endettement qui ne lui a laissé que très peu de marge de manœuvre lorsque la crise des *subprimes* est survenue. En revanche, les dirigeants de Southwest Airlines sont restés déterminés à éviter tout licenciement. Choix en apparence insensé puisque Southwest Airlines a ainsi perdu un million de dollars chaque jour au cours des semaines qui ont suivi les attentats. Mais, au final, chez Southwest, la crise a servi à renforcer les relations entre la direction et les employés. Ce qui a permis d'accroître la loyauté des employés et la productivité, déjà considérée comme la plus forte parmi les principaux transporteurs aériens. Du coup, dès février 2002, Southwest annonçait des plans pour embaucher 4 000 nouveaux salariés, notamment des personnes licenciées par les autres compagnies.
Méditons ce constat : les deux sociétés qui n'ont licencié aucun membre de leur personnel après le 11 septembre 2001 (Southwest Airlines et Alaska Airlines) sont également celles dont le cours boursier s'est le mieux rétabli dans les années qui ont suivi. Ainsi, en 2005, ce cours atteignait, chez Southwest Airlines, 92 % de celui antérieur au 11 septembre 2001. Inversement, chez deux entreprises qui ont fortement licencié (United Airlines et US Airways), le cours boursier n'atteignait respectivement en 2005 que 12 % et 23 % du cours antérieur aux attentats. De façon générale, plus une entreprise avait licencié, plus son rétablissement a été difficile.

L'exemple de Southwest Airlines met en lumière l'importance de la confiance et de la fidélité non seulement des salariés envers leur entreprise, mais plus encore et au préalable des directions envers leurs salariés. L'exemple suivant illustre davantage celle de la maîtrise et de l'autonomie.

**L'entreprise Zappos**

Nous pourrions fournir de nombreux exemples encore, en particulier dans le réseau des PME où les patrons sont davantage proches de leurs collaborateurs et savent à quel point le zèle ou l'adonnement permet de conjuguer bien-être et performance. Citons toutefois l'exemple de Zappos, entreprise américaine de vente en ligne de chaussures, sacs et accessoires, devenue légendaire non seulement du fait de sa croissance exponentielle – partie de zéro en 1999 et revendue 1,2 milliard de dollars en 2009 à Amazon –, mais aussi du fait de son PDG, Tony Hsieh[1], qui a mis au cœur de ses préoccupations le bonheur de ses 1 500 employés et de ses clients.

Côté clients, cela passe par la plus grande sélection possible de produits, leur livraison expresse, la possibilité de les retourner sans frais, tout cela au travers d'un service après-vente qui recherche l'excellence. Développer le meilleur service client résulte d'un maximum d'autonomie laissée aux salariés. Les téléopérateurs du centre d'appel n'ont pas de script, ne sont pas minutés et ont pour instruction « d'utiliser leur imagination, d'être vrais et de faire preuve de bon sens pour répondre à une situation. Ils peuvent même les envoyer chez un concurrent si nous n'avons pas un produit en stock ». Ils disposent également d'un budget « cadeau » important pour fidéliser les clients et peuvent compter sur le positionnement stratégique de leurs entrepôts dans le Kentucky, à proximité d'UPS, pour des délais de livraison imbattables. Et ça marche, puisque 75 % des commandes proviennent d'anciens clients ou du bouche à oreille.

Cet adonnement des salariés, résume Tony Hsieh, repose sur quatre piliers : maîtrise de leur destinée en les laissant choisir les compétences dont ils veulent se doter au travers de formations, corrélées à leur rémunération ; conscience du progrès en accordant la possibilité de petites promotions tous les six mois ;

1. T. Hsieh, *L'Entreprise du bonheur*, Paris, Leduc.s Éditions, 2011. Best-seller pendant six mois sur les listes du *New York Times* et du *Wall Street Journal*. Reste à savoir si les employés de Zappos demeurent heureux chez « l'ogre » Amazon. Le journaliste J.-B. Malet, qui s'est infiltré comme ouvrier intérimaire dans un de leurs 89 entrepôts logistiques (qui totalisaient, déjà en 2013, une surface cumulée de 7 millions de m$^2$ !), décrit des conditions de travail étrangement similaires à celles dénoncées par Charlie Chaplin dans *Les Temps modernes*, in *En Amazonie. Infiltré dans le « meilleur des mondes »*, Paris, Fayard, 2013.

nombre et profondeur des relations entre collègues avec lesquels les moments de convivialité sont encouragés ; raison d'être par la capacité à donner du sens et à faire partager une vision plus ambitieuse que le désir de faire des profits ou de devenir leader sur le marché. En l'espèce, Zappos ambitionne de « redistribuer du bonheur sans frontières ».

C'est également une belle illustration de l'efficience de ce qu'on pourrait appeler la politique du bonheur que nous donne le cas suivant.

**Le ministère belge de la Sécurité sociale « Le bonheur, source de performance durable[1] »**

Les missions de ce ministère consistent à préparer l'élaboration des politiques sociales, à assurer le versement des allocations aux personnes avec un handicap et aux victimes de guerre et à lutter contre la fraude sociale. En 2005, un constat alarmant annonça à la fois le départ à la retraite de 40 % du personnel sur dix ans et un manque d'attractivité chez les potentielles recrues. Déménagement et changement de politique RH furent amorcés et même transformés à compter de 2009 avec l'arrivée de Laurence Vanhée, en tant que directrice du personnel et de l'Organisation du service public fédéral belge de la Sécurité sociale. Elle modifia ce titre pour le faire tenir sur sa carte de visite, mais décrétant que RH ne signifiait par « ressources humaines », car « l'humain n'est pas une ressource », elle prit le parti que RH voulait plutôt dire « rendre heureux ». D'où son autoproclamation de « Chief Happiness Officer » avec comme N+3 le roi des Belges !

La suite n'est pas une histoire belge, mais un mouvement de libération du travail sans précédent pour « conjuguer talent et productivité avec confiance et épanouissement personnel » : le NWOW (New World of Work) et le mouvement « BeHappyDay » rassemblant les « Happy Organisations ». Le tout étayé par des études universitaires et des sondages qui

1. Cette interview nous a été accordée par L. Vanhée, élue « DRH de l'année 2012 » en Belgique, qui a publié notamment *Happy RH : le bonheur au travail. Rentable et durable*, Bruxelles, La Charte, 2013.

corroborent[1] ce mouvement : « Un travailleur (f/h) heureux est 2 fois moins malade, 6 fois moins absent, 9 fois plus loyal, 31 % plus productif, 55 % plus créatif. Les travailleurs se disent à 65 % plus heureux s'ils ont des responsabilités, à 82 % influencés par leur boss en matière de bonheur au travail, à 83 % plus heureux si libres et autonomes, et à 94 % plus productifs s'ils sont heureux. »

Pour ce faire, Laurence Vanhée a fait sienne cette devise d'Albert Schweitzer : « Le bonheur est la seule chose qui se double si on le partage. » Si une organisation a vocation à rendre un service performant, aucun de ses membres ne se lève pour autant le matin en se disant : « à partir d'aujourd'hui, mon but dans la vie, c'est d'être performant ». L'objectif poursuivi par chacun consiste tout simplement à être heureux. Et c'est bien là que ça se complique car chacun a sa définition différente du bonheur et vouloir le faire à la place des salariés contribue à leur malheur. D'où la nécessité de laisser à chacun la liberté de définir ce qui va contribuer à son bonheur. C'est ici que le ministère a trouvé l'opportunité de se démarquer des employeurs traditionnels attachés à la culture « ordonner et contrôler » pour se tourner résolument vers la « culture de la confiance *a priori* » en laissant chacun libre d'autodéterminer quand, où et comment travailler.

Le déménagement consistant à rassembler les différentes entités au sein d'un même bâtiment a permis de repenser l'environnement de travail et de transposer l'équation de Laurence Vanhée : « Liberté + Responsabilité = Performance + Bonheur. » Chacun est libre de s'organiser comme il le souhaite tant que cela ne pose pas de problème à un collègue dans son travail. Les objectifs sont fixés collégialement et solidairement par l'équipe, et le management évolue vers un rôle de « facilitateur chargé d'enlever les obstacles sur la route de l'équipe ». Les 1 200 fonctionnaires ont le choix de pointer ou non. 92 % d'entre eux sont libres de faire du télétravail jusqu'à trois jours par semaine. 69 % l'ont fait, ce qui a permis de réorganiser l'espace avec une moyenne

1. Études Harvard Business School, London Business School, MIT… et sondages Gallup cités sur le blog de L. Vanhée (http://missphilomene.com) et sur le site http://www.happinessday.be, consacré à la Journée internationale du bonheur décrétée par l'ONU le 20 mars de chaque année.

de six bureaux partagés pour dix personnes et d'économiser 12 millions d'euros par an, sans parler de l'importante diminution de l'empreinte écologique (RSE). La politique en matière de parité porte aussi ses fruits puisque 50 % des leaders sont des femmes ainsi que 39 % des fonctions supérieures. Malgré une moyenne d'âge encore élevée (autour de 50 ans), un fort accent a été mis sur les nouvelles technologies et trois quarts des collaborateurs utilisent déjà les plates-formes collaboratives. Aujourd'hui, 88 % des membres du SPF se disent heureux à très heureux d'y travailler et 84 % en sont fiers. Par voie de conséquence, le taux d'absentéisme a diminué de 20 %, les départs volontaires de 75 % et les candidatures spontanées ont quintuplé.

Dans le cas qui va suivre, c'est une autre dimension de l'adonnement qui apparaît de manière particulièrement saillante : le goût et le plaisir du travail bien fait, la recherche de la perfection dans son domaine.

**L'entreprise Petzl :**
**« Le manager, artisan de coopération[1] »**

Le désir de « progresser vers l'inaccessible » est la volonté première du fondateur Fernand Petzl, spéléologue et inventeur au départ de matériel en petites séries pour venir à bout d'obstacles toujours plus difficiles rencontrés dans ses explorations. Créée en 1968 à Crolles près de Grenoble, par Fernand avec son fils Paul, Petzl a produit une succession d'inventions pour aller du plus haut (alpinisme) au plus profond (spéléologie), de jour comme de nuit, sur neige, glace, rocher… Elle emploie aujourd'hui près de 600 salariés et réalisait en 2012 un CA de l'ordre de 100 millions d'euros, dont 80 % sont réalisés à l'exportation. Les valeurs cardinales qui résultent de cette aventure demeurent inchangées : « – s'améliorer en continu pour que la réussite de l'entreprise lui donne les moyens de son indépendance et de son développement, – toujours être à l'écoute des besoins et des métiers

1. Nous résumons ici ce qui ressort d'un entretien mené avec R. Lecot, directeur général de janvier 2009 à avril 2013, qui s'est donné comme ligne prioritaire pendant quatre ans de promouvoir la coopération au bénéfice de l'efficacité collective.

pour les servir au mieux et rester à l'avant-garde technique, – garder la dimension familiale et humaine d'une entreprise qui respecte ses clients et ses employés ».

Le rôle du directeur général, tel que Romain Lecot le définissait lui-même à son arrivée, est celui d'un skipper qui se met au service du propriétaire d'un très beau bateau. Le but est bien de mener le navire à bon port et non de le reconstruire, ni même de modifier l'objectif ultime du voyage. En effet, l'équipage est décrit comme « se donnant à fond », très attaché à des produits conçus de manière fiable et robuste, sans superflu, le tout dans une recherche constante de perfectionnement et d'innovation. En interne, les choses ont historiquement été peu formalisées et les salariés, dont la plupart sont automotivés et très engagés, restent très attachés à leur indépendance d'action, aux racines et à la raison d'être de l'entreprise. La culture de l'entreprise se définit par l'attachement à sa marque, à ce qu'elle véhicule et à sa notoriété, qui génère une fierté d'appartenance. Le tout cultivé par le sponsoring et le soutien d'exploits, souvent individuels, assez extrêmes. La promotion interne est favorisée, ce qui offre des perspectives d'évolution aux salariés et un turnover assez faible. La stabilité des équipes est présentée sans conteste comme corrélée à la fidélité des clients. Pour autant, au sein de cette organisation très humaine, le culte de la passion et de la perfection peut aussi constituer un frein à l'efficacité collective. Au sein de l'équipage, les inévitables compromis propres à tout contexte industriel sont parfois difficilement tolérés, l'attention aux autres et le travail collectif ne vont pas de soi et les rapports peuvent facilement se tendre. D'où la priorité donnée par le directeur général à une ligne managériale qui met l'accent sur la nécessité de développer le collectif au-delà de la promotion de talents individuels. Favoriser la coopération dans l'entreprise est un puissant réducteur du risque et de l'incertitude au travers de la confiance générée. La culture de l'outil parfait, robuste, résistant à l'usure et aux températures extrêmes doit se conjuguer avec une énergie constante à préserver le collectif de travail, à gérer les changements et les mobilités internes dans la continuité d'un état d'esprit et de valeurs partagés.

Le cas présenté ici a le grand intérêt de montrer que, même en France et dans une très grande entreprise, il est possible d'échapper aux lourdeurs et aux dérives bureaucratiques sans s'enfermer dans une logique de rentabilité court-termiste.

**L'entreprise L'Oréal :**
**« Privilégier le long terme[1] »**

L'Oréal, premier groupe de cosmétiques du monde avec près de 70 000 collaborateurs et 22,5 milliards de CA en 2012, a vu son déploiement extrêmement marqué par l'empreinte de ses dirigeants successifs. En 1909, le fondateur Eugène Schueller pose la première pierre en plaçant la recherche et l'innovation au cœur du dispositif. « Servir la beauté et accompagner la mode » se fait dès l'origine à grand renfort de publicité (L'Oréal est aujourd'hui le troisième annonceur mondial). Ses successeurs François Dalle puis Charles Zviak vont poursuivre la croissance spectaculaire du groupe par des acquisitions de marques stratégiques, mais aussi de brevets pour « savoir saisir ce qui commence ». Avec Lindsay Owen Jones en 1988, viendra le temps de l'internalisation tous azimuts sur tous les continents. Depuis 2006, Jean-Paul Agon complète le modèle en recherchant l'universalisation des produits, entendue comme leur globalisation sans uniformisation. Pour y parvenir, l'organisation est envisagée comme un organisme vivant, multicellulaire, en réinvention et adaptation permanente à son environnement. La beauté ne répond pas aux mêmes canons partout dans le monde, les origines ethniques, les attentes culturelles ne sont pas les mêmes. C'est pourquoi le développement de L'Oréal est aujourd'hui polycentré avec des laboratoires de recherche directement implantés sur les plus gros marchés et des équipes marketing dédiées. François Dupuy, qui cite cette entreprise dans son dernier ouvrage comme un modèle d'organisation, la présente comme étant à l'opposé de ce que l'on enseigne aujourd'hui dans les *business schools*. L'organisation de L'Oréal est en effet « bien moins "processée" que d'autres ». L'homme doit être au centre du jeu. C'est lui qui mène les *process* et non l'inverse. Une belle

1. Nous extrayons ces informations d'un entretien réalisé avec J.-C. Le Grand, directeur du développement international RH de l'Oréal.

organisation couchée sur le papier voudrait par exemple que la zone Asie s'incline devant le directeur du marketing international dans le choix de ses produits. Ce n'est pas ce que souhaite L'Oréal. Si le marché asiatique considère avec de solides arguments qu'une formulation de produit ne convient pas aux consommateurs chinois, elle est légitime à entrer en confrontation avec la direction du marketing. La contestation encadrée, la possibilité du débat est la règle. Eugène Schueller avait inscrit en bas de ses mémos : « Vous devez commencer par m'apporter la contradiction. » Par contre, une fois que la décision est prise, tout le monde doit naturellement la suivre. Il y a peu, il y avait une salle en interne baptisée « salle des confrontations » où un projet pour être financé devait être débattu entre pairs, dans une forme de disputation à l'ancienne. Face à un refus, il ne s'agit pas de renoncer, mais de revenir avec davantage d'arguments. Selon Jean-Claude Le Grand, son travail au niveau des RH consiste à veiller constamment à ce que la diversité soit préservée pour que l'alchimie liée à la différence des points de vue permette de rester leader et de ne pas s'endormir sur les orientations prises. Il s'agit d'éviter que l'organisation ne soit trop institutionnalisée et ne devienne un millefeuille hiérarchique indigeste. La réorganisation s'opère tous les jours, et les RH tiennent un rôle de perturbation active en vue de dénoncer les monopoles internes, bases de la bureaucratie. Faire et défaire constamment pour mieux refaire a certes un coût, mais c'est considéré comme le gage de la survie et du prix de l'excellence. Le but est de tenter de maintenir l'esprit entrepreneurial du fondateur chez les collaborateurs en leur laissant une forte autonomie. Ils sont attendus sur les résultats atteints bien plus que sur les moyens à mettre en œuvre pour y parvenir. Je détourne, dit J.-C. Le Grand, cette fameuse citation de Keynes qui dit qu'« à long terme nous serons tous morts » pour proposer : « En privilégiant le long terme, nous avons toujours raison. » Échapper à la dictature du court terme, à la rationalisation à outrance, c'est aussi ne pas se fier à certaines modes managériales qui amèneraient à renoncer à ce qui fait l'ADN et le succès de L'Oréal.

Dans notre dernier exemple, où l'on retrouve bien des ingrédients de l'adonnement déjà mis en valeur par les cas précédents, le plus spectaculaire est l'accent mis sur le coût en définitive exorbitant, et donc l'inutilité ou la contre-productivité de nombre d'instances hiérarchiques et de contrôle.

**L'entreprise FAVI :**
**« La confiance rapporte plus que le contrôle[1] »**

La société FAVI (Fonderie et ateliers du Vimeu) a été créée en 1957. Du sanitaire au comptage de l'eau, à l'automobile (fourchettes de boîte de vitesses, moteurs électriques à haut rendement...), l'entreprise a fait évoluer ses métiers pour accomplir son rêve commun « faire vivre plus de 400 familles dans notre village d'Hallencourt ». Il y a quarante ans, quand Jean-François Zobrist en prend la direction, il n'aura de cesse de détruire les cloisons dans lesquelles il voit « le diable s'immiscer » :
– entre les ouvriers qui doivent s'approprier leurs machines de manière autonome et prendre des décisions en temps réel. C'est pourquoi les régleurs et les contrôleurs ont disparu ;
– entre les services et c'est pourquoi l'entreprise est organisée en mini-usines, une vingtaine à ce jour, chacune affectée à un client ou à un marché. Chacune d'entre elles coopte un leader chargé de coordonner leurs actions sans être considéré comme un chef ;
– entre le dedans et le dehors, côtés clients et fournisseurs, avec 13 commerciaux qui font leurs gammes, prospectent, suivent leurs clients, sélectionnent les fournisseurs... L'ensemble des services achat, personnel, planning, ordonnancement... jusqu'au service qualité ont été dissous. Favi a été la première entreprise en Europe à être certifiée ISO 14001 en 1994 et la première usine qualifiée QSE en 2002. La qualité était devenue une véritable culture et le service qualité... inutile !
Et les résultats sont au rendez-vous, Favi, avec 81 millions d'euros de CA, demeure l'une des entreprises les plus rentables de son secteur et leader mondial en fonderie sous pression d'alliages

1. Nous résumons ici ce qui ressort d'un entretien mené avec J.-F. Zobrist, qui a écrit : *La Belle Histoire de Favi : l'entreprise qui croit que l'homme est bon*, Lulu.com, 2007 (tomes 1 et 2), ainsi que *Le Petit Patron naïf et paresseux* et *Comment un petit patron... innove*, chez Stratégie & Avenir (Dialogique).

cuivreux. La confiance est totale dès lors que les décisions sont conformes à « deux valeurs limites » : cela doit servir l'intérêt du client interne ou externe et suivre le postulat que l'homme est bon (intelligent, honnête et sérieux). Le corrélat du respect de ces valeurs est l'absence de contrôle, car au final le coût du contrôle est largement supérieur à celui des abus que pourrait engendrer son absence. Au nom des 3 % de ceux qui cherchent à abuser du système, inutile de créer des rigidités structurelles pour les 97 % qui ont le travail à cœur et qui en seraient découragés. En cas contraire, l'équipe est là pour mettre très vite les choses au point. « Avec moins d'encadrement, dit Jean-François Zobrist, les gens se redressent, prennent plus d'initiatives. L'ouvrier heureux fait le client heureux et l'actionnaire heureux. »

Côté organisation, les opérateurs décident eux-mêmes dans quelle mini-usine ils vont travailler et échangent leur poste toutes les heures environ pour éviter la lassitude et avoir une vue globale du process de fabrication. Les salariés sont rémunérés pour faire des produits, pas des heures et recherchent constamment ce qu'ils peuvent faire de plus, de mieux et moins cher pour nos clients. L'unité de mesure commune est le nombre de pièces bonnes par heure payée. Il n'y a pas non plus d'objectifs individuels et donc pas de prime : 7 % du *cash flow* est partagé dans la plus stricte égalité entre tous. Quant à l'innovation, 50 % des baisses de coût et des améliorations proviennent directement des opérateurs.

Il nous reste maintenant à réunir les fils des analyses précédentes pour nous interroger de manière synthétique sur les facteurs généraux de l'efficace des organisations, qu'elles soient entrepreneuriales ou non, privées, publiques ou associatives.

Chapitre 11

# L'efficace de l'adonnement

## Une double dialectique

Les six organisations que nous venons de décrire comportent toutes, comme n'importe quelle autre, leur part d'ombre et de lumière. Pour autant, chacune favorise, à des degrés divers, le travail en équipe, l'autonomie et le plaisir au travail, et elles donnent le privilège à la régulation, voire à l'autorégulation sur la règle. En retraduisant ces résultats empiriques dans le langage du paradigme du don, on voit l'efficience émerger comme le résultat d'une double dialectique, à la fois horizontale et verticale. Horizontalement, elle suppose qu'entre tous les membres de l'organisation les relations d'amitié, de fidélité et de confiance, scellées par l'incessant mouvement des dons et des contre-dons, l'emportent sur les logiques de rivalité, d'hostilité, de prédation et de trahison. Ces relations dépendent du dosage entre intérêt pour soi et intérêt pour autrui. Verticalement, l'efficience est fonction de l'intensité, de la créativité et de la fécondité avec lesquelles les membres de l'organisation s'investissent dans la réalisation des valeurs ou des buts communs, en bref de leur adonnement. Et celui-ci, à son tour, dépend du rapport qui s'instaure et de l'adéquation plus ou moins grande qui existe entre le moment de l'obligation et celui de la liberté-créativité (ou, si l'on préfère, de l'autonomie)[1].

1. Il faudrait en toute rigueur distinguer plus de deux dimensions, car ce n'est pas la même chose de donner à ses pairs (ses

Pour comprendre les ressorts de l'efficience, il faut donc faire entrer en ligne de compte, en plus de la dialectique de l'intérêt pour soi et pour autrui, celle de l'obligation et de la liberté-créativité. Pour que la première ait une issue heureuse, on l'a vu, il faut qu'elle permette aux partenaires-adversaires d'entrer dans une relation de don/contre-don dans laquelle chacun trouvera le moyen de satisfaire ses intérêts personnels dans le respect de ceux des autres. Pour que la seconde fonctionne au mieux, il faut que l'adhésion aux règles et aux obligations spécifiques propres à chaque activité particulière se traduise en une liberté-créativité propre à ce champ. Une liberté et une créativité telles qu'elles génèrent du plaisir. Un plaisir qui se traduise en un *adonnement*[1] à la tâche, à l'activité ou au travail et aux finalités de l'organisation.

Entre ces deux dialectiques, celle de l'intérêt pour soi et de l'intérêt pour autrui, d'une part, celle de l'obligation et de la liberté, de l'autre, il existe une dialectique englobante, de rang supérieur. Une métadialectique, si l'on veut, une dialectique des dialectiques. La condition en effet pour que la relation entre deux sujets humains ne débouche pas sur ce que Hegel appelait une lutte à mort pour la reconnaissance, c'est, d'une part, que leur désir de reconnaissance cède de son intransigeance et se subordonne à une loi supérieure, à une forme ou une autre d'obligation. Et, d'autre part, que les rivaux ou concurrents éprouvent un plaisir partagé, pris à la liberté et à la créativité dans une activité

coéquipiers par exemple), à son supérieur (le coach), à l'équipe, au club ou au foot en général, etc. Mais il n'est pas opportun ici d'entrer trop dans le détail.

1. Dans le langage managérial standard, on parlera plus facilement d'implication ou de motivation. Aristote, déjà, associait étroitement le plaisir à l'activité libre, à l'action qui est à elle-même sa propre finalité.

déterminée, qu'il s'agisse du jeu, du travail, de l'art… ou de la guerre. Mais, réciproquement, cette soumission à la Loi, à des obligations et à des règles, et l'adonnement au plaisir de la créativité ne peuvent durer et profiter à une organisation, que s'ils favorisent le développement d'un climat d'amitié, de solidarité et de camaraderie. Qui, à son tour, encourage le respect de la règle commune et l'adonnement de tous. La dialectique entre ces deux dialectiques peut se représenter sous la forme du schéma[1] ci-après qui orientera les analyses qui vont suivre :

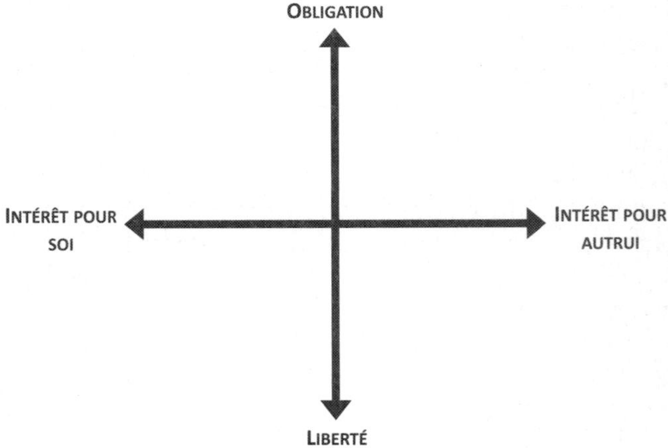


Pour créer les conditions favorables à l'adonnement dans les organisations, il est nécessaire de sortir de la logique du « soit-soit » – soit la liberté, soit l'obligation –, comme de celle du « moitié-moitié » : un peu d'intérêt pour soi et un peu d'intérêt pour autrui. En

1. Ces concepts sont longuement explicités et détaillés *in* A. Caillé, *Théorie anti-utilitariste de l'action. Fragments d'une sociologie générale*, Paris, La Découverte, 2009.

effet, ces dialectiques ne sont créatrices de tensions fécondes qu'à partir du moment où elles se distinguent des « antinomies statiques » dont parle Claude Lévi-Strauss[1] (objectif/subjectif, rationnel/irrationnel…) pour devenir des « antinomies dynamiques », c'est-à-dire susceptibles de générer des oppositions fertiles. Reprenons dans cette perspective certains éléments d'analyse que nous avons déjà abordés en visant maintenant à plus de généralité et de systématicité.

## 1. Première dialectique : intérêt pour soi et intérêt pour autrui

Rappelons-nous les développements du chapitre 10 consacrés aux motivations, qui insistaient sur l'équivocité de la notion d'intérêt – cette notion et explication passe-partout – qu'il convient de subdiviser, au minimum, entre *intérêt pour soi* et *intérêt pour autrui*. Du côté de l'*intérêt pour soi*, nous retrouvons les motivations extrinsèques[2], qui, comme nous l'avons déjà signalé, ne se réduisent pas au désir d'argent. Il y entre aussi la *libido dominandi* et la quête du prestige. Autant de motivations extrinsèques, puisque indifférentes au domaine d'activité concerné. Du côté de l'*intérêt pour autrui*, il entre dans nos actes trois types de motivations intrinsèques[3] :

1. Ce que l'on fait par obligation sociale et morale, par sens de la dette et pour trouver du sens.
2. Ce que l'on fait par intérêt pour autrui, par « aimance », par sympathie, solidarité, etc.

1. Cl. Lévi-Strauss, *Tristes Tropiques,* Paris, Plon, « Terre Humaine Poche », 2001 (1955).
2. Ou encore *l'intérêt à*.
3. Soit trois formes d'*intérêt pour*.

3. Ce que l'on fait librement, par plaisir d'exercer son autonomie et son inspiration créatrice.

La tentation des extrêmes, le désir de radicalité comme celui de trouver une formule magique font parfois lâcher la proie pour l'ombre. Le manager conquis par la mise en lumière de la puissance des motivations intrinsèques pourrait être tenté, sans tomber non plus dans le bénévolat, de sous-payer ses équipes tout en créant un environnement de travail propice à l'adonnement. Cette approche est battue en brèche par un des principaux économistes contemporains, le prix Nobel d'économie George A. Akerlof. Ce dernier s'est rendu célèbre il y a une trentaine d'années, notamment avec un article inspiré de Mauss, intitulé « Le contrat de travail vu comme un échange-don partiel[1] ». Dans ce texte qui est à l'origine de ce qu'on appelle la théorie du salaire d'efficience, G. Akerlof observe que, dans tout un ensemble d'entreprises, celles qui fonctionnent dans le cadre de ce qu'il appelle les marchés primaires (*primary markets*), les salaires versés sont nettement supérieurs au prix de marché de base, celui qui est pratiqué sur les marchés secondaires. Mais, corrélativement, dans ces mêmes entreprises, les salariés jugent normal d'en faire plus que ce qui est explicitement stipulé par le contrat de travail. Au don d'un surcroît de salaire répond le don d'un surcroît de travail. De part et d'autre intervient du « en plus », du surrogatoire, cet « en plus » qui est peut-être la manifestation la plus palpable de l'existence du don. L'analyse d'Akerlof peut être critiquée – et il en indique d'ailleurs lui-même les limites –, parce qu'elle analyse les motivations des parties prenantes uniquement

1. G. A. Akerlof, « Labor contracts as partial gift exchange », *in* G. Akerlof, *An Economic Theorist's Book of Tales*, Cambridge, Cambridge University Press, 1984.

en termes de motivations utilitaires et non en conformité avec la logique du don même[1]. Mais elle n'en présente pas moins le grand intérêt de montrer de manière analytique le lien qui existe entre don, adonnement et efficience. Parce qu'ils ont le sentiment d'avoir reçu un don de la part de leur employeur, qui les paye au-dessus du tarif du marché, les salariés s'adonnent davantage à leur travail, et il en résulte une plus grande efficience de l'entreprise.

L'autre extrême possible – ne miser que sur les motivations monétaires – est celui qui ressort des analyses de Dan Pink, montrant de manière spectaculaire qu'un système axé uniquement sur « la carotte et le bâton » est voué à l'inefficience faute d'adonnement. Car, au-delà du simple désir de s'investir dans son travail en reconnaissance de ce que donne l'organisation en plus des autres organisations comparables, la question qui se pose est celle de l'inventivité et de la fécondité du travail effectué. Et ici, ce qui entre en jeu, ce n'est pas seulement le montant du salaire, c'est la marge d'autonomie et de créativité qu'autorisent les règles qui président à l'organisation du travail : la marge de jeu, et en quelque sorte la capacité de jouer accordée à chacun[2]. Le don d'un surcroît de rémunération – ou de toute une série d'avantages matériels – suscite un contre-don en quantité ou en intensité de travail. La qualité de l'organisation, le degré de confiance et de liberté qu'elle accorde à ses membres

1. Comme le montre excellemment A. Insel *in* « L'enchâssement problématique du don dans la théorie économique néoclassique », *La Revue du MAUSS trimestrielle,* n° 12, 3e trimestre 1991, p. 110-119.

2. Sur l'importance de cette marge de jeu, de la possibilité, et même de la nécessité de « faire autre chose », aussi, pour faire bien quelque chose, on ne peut que renvoyer aux analyses si éclairantes de l'anthropologue R. Hamayon, dans *Jouer. Une étude anthropologique à partir d'exemples sibériens*, Paris, La Découverte/MAUSS, 2012.

appellent un contre-don en adonnement et en inventivité. Tout se joue ici sur un pari de confiance qui est au cœur de l'esprit du don.

Dans toute organisation, ce qui circule sous forme de dons et de contre-dons, ce sont, d'une part, des affects, des signes d'amitié ou de camaraderie, des attestations multiples, mille fois répétées, qu'on est alliés et amis plutôt que rivaux ou ennemis. Ou bien, quand ça va mal, justement, le contraire. Mais ce qui circule aussi, par ailleurs, ce sont des informations. Des informations spécifiques au travail spécifique à effectuer au sein d'une organisation spécifique. Dans le cas du foot, l'information principale, c'est le ballon et sa circulation ! La rétention d'information, la perte d'information en ligne, est le meilleur moyen d'échouer.

Synthétisant ses repérages des formes du don en entreprise, N. Alter distingue quatre grands registres de la circulation par le don. Dans le registre technique, on échange et se donne des savoirs, des savoir-faire, du temps, des outils. Dans le registre affectif, du soutien, du dévoilement de soi et de ses fragilités, des sourires, des regards, des gestes, de l'amitié en un mot. Dans le registre de l'association, des alliances stratégiques, des rumeurs et des repères, de la réciprocité généralisée et de la confiance. Dans le registre de la culture, enfin, des croyances et des représentations, des normes (sur les relations, le rendement, la qualité), des réputations, des cérémonies, des rites et des petits cadeaux[1].

1. N. Alter, *op. cit.*, p. 134.

**L'efficience de la coopération**
**Un petit modèle simple**

Pour illustrer l'efficience du don et de la coopération, et l'aspect ruineux du défaut de coopération, imaginons un petit modèle très simple mais qui parlera sûrement à toute personne ayant l'expérience d'une organisation bureaucratique ou anarchique. Soit quatre personnes (ou quatre services) différents, A, B, C et D, accomplissant chacune sa tâche spécifique en huit heures par jour sur une semaine de quarante heures. Chacune reçoit chaque semaine une information qui est importante pour chacune des trois autres. Par exemple, A en reçoit une qui concerne B, une autre qui concerne C et une autre qui concerne D. Si A (ou un membre de A) est en relation d'amitié et de confiance avec B, C et D, il décrochera son téléphone ou ira prendre un café avec chacun d'entre eux. Supposons que la communication de l'information lui demande un quart d'heure à chaque fois et que l'information soit que la commande d'un client ou d'une administration a été modifiée, que l'humeur du chef a changé et qu'il exige désormais le contraire de ce qu'il voulait hier, etc. Si la communication est transmise à temps, il faudra juste un quart d'heure à celui qui la reçoit pour l'enregistrer et modifier son planning de la journée en conséquence. S'il la reçoit trop tard, le lendemain ou une semaine après, par exemple, comme cela arrive si souvent, il lui faudra tout refaire. Le calcul est simple. Dans la solution coopérative, chacun a consacré chaque semaine une heure et demie en plus de son travail pour informer les autres et en être informé (trois quarts d'heure pour communiquer l'information, trois quarts d'heure pour la recevoir), et aura donc travaillé 41 heures et demie. Soit, au total 166 heures pour effectuer les 20 tâches de la semaine. Dans le cadre de la solution non coopérative, pour accomplir les mêmes tâches, puisque l'une d'entre elles doit être intégralement refaite, il y faudra 192 heures : 26 heures de plus. Soit un taux de rendement de la coopération, de « retour sur la gratuité », si on veut aller par là, de 26/192 = plus de 13 %. Sans compter, bien entendu, la mauvaise humeur et le stress générés par la solution non coopérative. Et leurs effets rapidement cumulatifs.

## 2. Deuxième dialectique : obligation et liberté

Le moment de l'obligation est celui de la hiérarchie, des règles et des ordres, ou des consignes destinées à les faire respecter. Chacun, à son poste ou dans sa fonction, doit faire ce qu'il est prévu officiellement de faire à ce poste ou dans cette fonction. En théorie, chacun y est assigné en fonction de ses compétences techniques et de son savoir-faire dûment estampillé. Encore en théorie, l'organigramme a pour tâche de déterminer de manière optimale la division fonctionnelle des tâches, l'assignation de chaque salarié ou membre de l'organisation à telle ou telle tâche spécifique, et d'en déduire la meilleure chaîne de commandement possible. Ainsi se construit la structure formelle de l'organisation. C'est d'elle que dépend l'efficacité qui, toujours en théorie, pourrait presque être calculée mathématiquement en fonction d'algorithmes plus ou moins sophistiqués. La difficulté, on le sait, est que la structure hiérarchique ne peut pas être calquée simplement sur la structure fonctionnelle, avec une chaîne hiérarchique et une seule par type d'activité fonctionnelle. Et ceci parce qu'aucune tâche, sauf à un degré très rudimentaire, n'est pleinement monofonctionnelle, et parce que la coordination entre les différentes hiérarchies fonctionnelles ne peut pas être elle-même fonctionnelle. D'où la nécessité qu'il y ait du pouvoir en plus de la règle.

Mais, supposons qu'aient été en effet et malgré tout trouvées la meilleure division fonctionnelle du travail et la meilleure hiérarchie possibles, la structure formelle la plus efficace, cela ne nous dirait encore rien de la nature des relations interpersonnelles au sein de l'organisation, de son « climat », ni de la capacité d'adonnement de ses membres. C'est là où entre en jeu la part de chacun.

Au-delà de l'efficacité formelle il n'y aura d'efficience de l'organisation – et donc d'efficace générale – que si la division formelle des tâches et l'ensemble des règles favorisent la créativité maximale de tous en conformité avec les buts de l'organisation.

Or, il faut bien être conscient que la norme managériale qui règne actuellement dans bon nombre des grandes entreprises privées et publiques (et plus encore sans doute désormais dans ces dernières), le néomanagement – bras séculier du néolibéralisme – repose sur un pari de défiance envers les salariés. En son temps, le cardinal de Retz critiquait déjà Mazarin en rappelant que « l'on est plus souvent dupé par défiance que par la confiance ». Quatre cents ans plus tard, les collaborateurs sont toujours supposés n'être intéressés que par leur rémunération et chercher à en faire le moins possible. Ce pari de la défiance, rigoureusement inverse au pari de confiance qui est au cœur de l'esprit du don, impose tout un système de contraintes et de surveillances, à coups de *reporting* et de *benchmarking*, qui reproduit le taylorisme d'hier avec d'autres outils.

Cette nouvelle donne managériale s'impose un peu partout dans le monde depuis une trentaine d'années pour trois séries de raisons plus ou moins liées :

1. Elle est étroitement liée à la *corporate governance* dont le dogme central est que l'objectif légitime de toute entreprise est de créer le plus de valeur possible pour l'actionnaire parce que telle serait la bonne mesure de sa véritable efficacité. Et même les entreprises publiques ou les organisations qui ne créent pas une telle valeur pour l'actionnaire doivent, elles, obéir aux préceptes du New Public Management qui leur enjoint de considérer les services qu'elles produisent comme s'ils étaient eux

aussi des marchandises, des quasi-marchandises, et d'évaluer leurs producteurs en conséquence.

2. Cette norme est devenue la norme dominante parce qu'elle est celle du capitalisme dominant. Elle s'impose peu à peu par mimétisme et effet de mode.
3. Dans ce contexte, peu de dirigeants osent s'y soustraire par peur de déroger au « managérialement » correct et d'être accusés à ce titre si les résultats n'étaient pas au rendez-vous.

Or ces recettes managériales n'ont véritablement fait leur preuve que dans un cas de figure particulier : celui des entreprises rachetées par LBO (Leverage Buy out) et dont les acquéreurs visent à obtenir sur quelques années du 15 ou 20 % de ROI (Return on Investment), soit une rentabilité totalement non soutenable dans des économies dont le taux de croissance du PIB peine à rester positif. Dans le cadre de cette logique prédatrice, peu importe en définitive qu'on produise une gigantesque démotivation au travail, à peu près impossible à reconstruire après, puisque le but premier est court-termiste : *Take the money and run*. C'est la logique d'Attila. Là où le cheval du capitalisme spéculatif est passé, l'herbe de la confiance et de l'adonnement ne repoussera plus.

Pour les entreprises ou les organisations qui sont installées dans la durée, ces recettes néomanagériales sont au mieux inefficaces et, le plus souvent, contre-productives. C'est ce qu'établit, par exemple, avec beaucoup de clarté et de force le sociologue des organisations François Dupuy, inscrit dans le sillage de Michel Crozier, au terme d'entretiens menés avec 800 personnes dans une vingtaine de très grandes entreprises transnationales. Il y avait en effet, montre-t-il, jusque dans les années 1980, des poches de sous-travail, auxquelles les entreprises ont cru pouvoir ou devoir remédier par des « techniques de coercition », en « mettant les comportements sous cloche ». « La coercition, écrit-il, c'est la production exponentielle des procédures – "process" ou "processus" –, de systèmes de *reporting* et d'indicateurs – les fameux "Key Performance Indicators"[1]. » Mais « ce remède est pire que le mal et grâce à – ou à cause de – la grégarité managériale, les entreprises s'enfoncent dans un jeu perdant-perdant avec leurs salariés » en provoquant « retrait et rébellion active ou passive ». Seul le management intermédiaire parvient encore à peu près à s'en sortir car paradoxalement, note F. Dupuy[2], « le délire des processus, des *reportings* et des indicateurs finit par recréer des zones de liberté [...] tant ils deviennent contradictoires les uns avec les autres et laissent ainsi les acteurs libres de décider ce qu'ils doivent appliquer ou non ».

À l'inverse, dans les six organisations symboliques décrites dans le chapitre précédent, il n'y a nul besoin de multiplier les réunions au-delà du nécessaire, car tout le monde connaît les règles du jeu. Un rôle très faible est donc dévolu aux procédures. Au terme de son examen critique des entreprises qui maintiennent leurs salariés sous la chape de verre du contrôle par *process*, *reporting* et *best practices*, et après avoir mis en lumière les dysfonctionnements qui en résultent, F. Dupuy présente les caractéristiques de trois grandes entreprises qui fonctionnent bien. Curieusement, celles-ci, contrairement à toutes les règles apparemment les mieux établies de la bonne gestion, n'ont pas peur des « chevauchements » (*overlaps*) de fonctions ou de tâches. Deux individus peuvent partager certaines

1. F. Dupuy, *Lost in Management. La vie quotidienne des entreprises au XXI^e^ siècle*, Paris, éd. du Seuil, 2011, p. 16.
2. *Ibid.*, p. 17.

responsabilités. L'importance des réseaux est clairement reconnue, car ce sont eux qui permettent de savoir à qui s'adresser. Eux encore qui permettent « que l'on réponde à toute demande par une coopération spontanée ». Le maître mot est la simplicité. Ce qui ne signifie pas que l'on cherche à éviter la confrontation. Tout au contraire. Le chevauchement entre les fonctions et les personnes entraîne nécessairement des conflits. Ils doivent être assumés comme tels par l'organisation qui reconnaît ainsi sa nature profondément politique, si l'on entend par politique l'art de surmonter des conflits que l'on sait non seulement inévitables, mais aussi féconds[1]. Du coup, le rôle de la hiérarchie est d'être « bien plus dans la conciliation que dans une posture d'injonction ou de domination ». Ou encore, « pour être efficace, il faut "tuer" les monopoles internes, introduire un haut degré de coopération – ou de "confrontation" –, multiplier les lieux et les occasions de négociation ».

En un mot, la clé de l'efficience, écrit F. Dupuy, ce sont les « communautés virtuelles ». Leur nécessaire transversalité « dépend de la capacité de l'entreprise à générer des comportements coopératifs non pas par la contrainte ou la rhétorique morale, mais par sa connaissance des registres de l'action collective, ceux qui vont faire que les acteurs auront "intérêt" à travailler ensemble ». Retour au don, à l'alliance et au politique. Le pouvoir et la règle n'ont d'efficace, on le voit là encore, que pour autant qu'ils sont au service du don et de l'adonnement. Qu'ils ne servent pas une domination arbitraire, qui avilit les membres de l'organisation et ne se muent pas en

1. Comme le montre notamment le philosophe de la démocratie Cl. Lefort, dans son profond commentaire de Machiavel, *Le Travail de l'œuvre Machiavel*, Paris, Gallimard, « Bibliothèque de philosophie », 1972.

contraintes dénuées de sens, en régulations, qui tuent à la racine toutes les initiatives. C'est à cette condition que, en sens inverse, don et adonnement peuvent se retrouver en adéquation avec la structure formelle de l'organisation, en harmonie avec le pouvoir – le *pouvoir de* plus que le *pouvoir sur* –, et la règle. Pas étonnant, du coup, que certaines des organisations qui réussissent le mieux comptent parmi celles qui ont fait le pari non pas de recourir à la coercition pour mettre leurs salariés sous cloche, mais, au contraire, de ne formuler des règles et des contraintes que pour concourir à la coordination de salariés ou d'agents qu'on souhaite les plus autonomes et les plus créatifs possibles.

## 3. Un référentiel de l'adonnement

Les cas et les analyses que nous avons présentés sous l'égide du principe de Mauss – pas d'efficience sans don – ont non seulement largement illustré et dénoncé le diabolique, à savoir les pratiques qui tuent la poule aux œufs d'or, mais aussi valorisé et célébré le symbolique, à savoir les pratiques qui encouragent et nourrissent l'adonnement dans l'action collective. Les exemples donnés que l'on pourrait aisément multiplier sont, croyons-nous, suffisamment parlants. Ils attestent du rôle décisif du don et de l'adonnement dans l'efficience d'une organisation. Mais on ne saurait en rester là et se contenter de proclamer : « Donnez et adonnez-vous », pour que tous les problèmes organisationnels soient résolus comme par miracle. Il faut aussi s'interroger sur l'adéquation ou l'inadéquation possible entre structure informelle et structure formelle, entre dynamique de l'efficience et logique de l'efficacité. Si l'on positionne les quatre étapes de la valse du don sur le schéma des motivations proposé plus haut, nous pouvons poursuivre notre analyse à partir de la figure suivante :

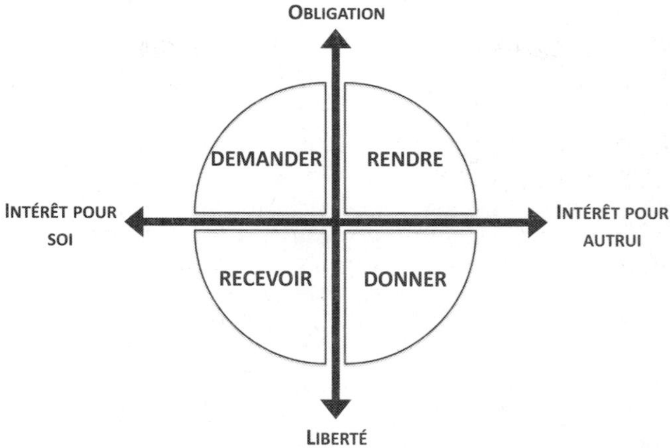


- La *demande* est à l'intersection de l'*obligation* et de l'*intérêt pour soi*. De l'*obligation*, en cela qu'elle procède d'une obligation physique, biologique et/ou sociale qui se traduit par un manque, un besoin, un désir ; et de l'*intérêt à* puisque c'est le moi qui est en cause.
- Le *recevoir* est son complément, à l'intersection de l'*intérêt pour soi* et de la *liberté*. Là encore, c'est le moi qui doit être satisfait, mais on désire qu'il le soit le plus gratuitement, avec le moins d'obligation et le plus de liberté possible.
- Symétriquement, le *donner* est à l'intersection de l'*intérêt pour autrui* (on donne à l'autre pour signifier l'intérêt qu'on lui porte) et de la *liberté* (on donne dans le registre de la spontanéité et de la liberté offerte au donataire, en principe, de ne pas avoir à rendre).

- Dans le *rendre*, enfin, on s'acquitte d'une dette contractée envers l'autre en raison de son *intérêt pour autrui* parce qu'on y est *obligé*.

Si l'on poursuit sur cette lancée, en ajoutant à ce référentiel les enseignements tirés de la deuxième partie, à savoir la rose des dons, qui faisait apparaître huit détournements diaboliques possibles de la logique du demander, donner, recevoir et rendre[1], on obtient le schéma suivant :

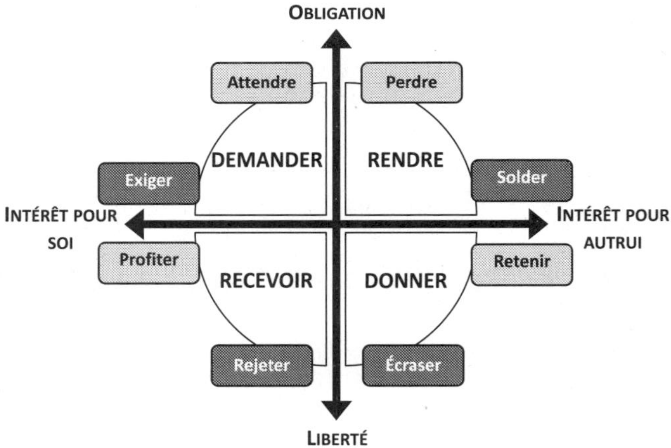


Quand l'organisation est diabolique, le management s'arroge toutes les libertés tandis que les collaborateurs héritent de toutes les obligations, ce qui pervertit naturellement tout le cycle du demander-donner-recevoir-rendre. Explication :

1. Huit détournements qui correspondent à deux séries de spécification – du côté des supérieurs hiérarchiques ou des subordonnés – du cycle du ignorer-prendre-refuser-garder.

| 1. DEMANDER | |
|---|---|
| Exiger<br>Le management donne des ordres que leurs équipes se doivent d'exécuter | Attendre<br>Les collaborateurs attentistes ne prennent pas d'initiatives pour ne pas se faire mal voir |
| **2. DONNER** | |
| Écraser<br>Les managers ont le monopole des signes de reconnaissance matériels | Retenir<br>Les collaborateurs s'efforcent de tenir les objectifs fixés, rien de plus, rien de moins |
| **3. RECEVOIR** | |
| Rejeter<br>Le management ignore le surcroît d'adonnement au-delà de ce qui est demandé | Profiter<br>Les collaborateurs transforment aussi vite que possible ce qu'ils reçoivent en avantages acquis |
| **4. RENDRE** | |
| Solder<br>Le management prône le donnant-donnant car s'acquitter des dettes préserve sa liberté | Perdre<br>Les collaborateurs en font le moins possible pour ne pas voir leurs objectifs revus à la hausse |

Ce rapide tableau de l'adonnement « diabolique », rejoint le constat fait par Hyacinthe Dubreuil[1] lorsqu'il

1. H. Dubreuil, *Si tu aimes la liberté,* Paris, Nouvelles Éditions latines, 1962. Cet ouvrier autodidacte a été militant CGTiste avant de considérer que l'erreur de Marx était de ne pas avoir vu que le « prolétariat » s'enrichirait continuellement à proportion de sa privation de liberté dans l'entreprise, ce qui constitue selon lui le vrai combat. Il expérimenta le travail chez Ford à Détroit et siégea au BIT. On trouve des analyses comparables dans le livre du grand syndicaliste italien B. Trentin, longtemps dirigeant de la CGIL (l'équivalent de la CGT) : *La Cité du travail.*

dénonçait le fait que les collaborateurs « supportent » leur travail au lieu de « s'y donner », comme « celui qui est libre de ses actions ». En effet, ajoutait-il, « au lieu d'étudier cette nature interne des hommes pour découvrir les moyens d'en utiliser les lois, afin de les faire agir par des mobiles qui leur soient propres, ils se sont bornés à les *contraindre* par l'extérieur, en employant des moyens plus ou moins astucieux ou plus ou moins brutaux ». Cette « nature interne des hommes » révélée par les mécanismes de l'adonnement est fragile, et ce qu'il écrivait il y a cinquante ans est toujours aussi d'actualité, si l'on en croit cette étude de l'institut Gallup[1] qui mesure le niveau d'adonnement des salariés, sous une appellation qui s'en rapproche, la notion d'engagement déclinée en trois catégories :

---

*La gauche et la crise du fordisme*, Paris, Fayard, « Poids et mesures du monde », 2012, précédé d'une remarquable préface d'Alain Supiot.

1. « Gallup study : feeling good matters in the workplace », *The Gallup Management Journal.* Voir http://businessjournal.gallup.com. Depuis la fin des années 1990, cette vaste enquête a été administrée auprès de 25 millions d'employés répartis dans 189 pays et dans 69 langues. La méthodologie s'appuie sur 12 questions, le Q[12], que nous traduisons par : 1. Je sais ce que l'on attend de moi au travail ; 2. J'ai le matériel et les équipements nécessaires pour bien faire mon travail ; 3. Au travail, j'ai quotidiennement l'occasion de réaliser ce que je sais faire le mieux ; 4. Dans les sept derniers jours, j'ai été reconnu ou complimenté pour avoir bien travaillé ; 5. Mon supérieur hiérarchique ou un collègue semble se préoccuper de moi en tant que personne ; 6. Il y a quelqu'un au travail qui soutient mon développement ; 7. Au travail, mon opinion semble être prise en compte ; 8. La mission ou la vocation de l'entreprise me donne le sentiment que mon travail est important ; 9. Mes collègues de travail ont à cœur d'accomplir un travail de qualité ; 10. J'ai un(e) très bon(ne) ami(e) au travail ; 11. Au cours des six derniers mois, quelqu'un au travail m'a parlé des progrès que j'ai réalisés ; 12. Au cours de l'année, j'ai trouvé les opportunités professionnelles d'apprendre et d'évoluer.

1. Engagés : ceux fortement motivés, loyaux et participant activement aux résultats de leur entreprise.
2. Non engagés : ceux faisant leur travail sans grande passion ou motivation, et qui manifestent peu d'attachement à leur entreprise.
3. Activement désengagés : ceux qui manifestent un sentiment négatif, voire hostile, à l'égard de l'organisation pour laquelle ils travaillent, et sapent l'engagement des autres. Cette étude donne les résultats suivants :

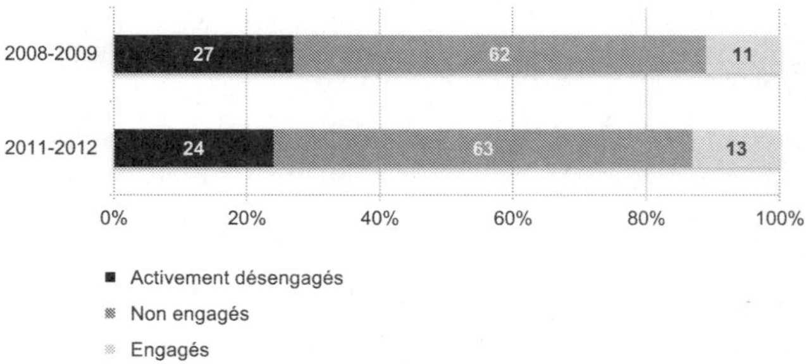


La moyenne internationale de 13 % (11 % en 2008-2009) est à comparer aux 30 % obtenus aux États-Unis, 29 % aux Philippines, 27 % au Brésil ou encore 24 % en Australie… Le meilleur en Europe est le Danemark avec 21 %, le Portugal est à 19 %, l'Espagne à 18 %, le Royaume-Uni à 17 %, l'Allemagne à 15 % et la France… est dernière *ex aequo* avec les Pays-Bas à 9 %. Or, la corrélation entre ce niveau d'engagement et les indicateurs de performance est plus que démontrée dans cette même étude. Le niveau d'adonnement influe à la fois sur la productivité (+ 21 %), la rentabilité (+ 22 %), la satisfaction des clients[1], les défauts de qualité des produits et services (– 41 %), l'absentéisme (6 fois moins), les maladies (2 fois moins) et le turnover (9 fois moins). À tel point que, selon Gallup toujours, les entreprises disposant du meilleur niveau d'engagement ont un taux d'augmentation du bénéfice par action près de 4 fois plus élevé que leurs concurrents. Rien qu'aux États-Unis, le désengagement des employés coûterait plus de 300 milliards de dollars par an à l'industrie américaine.

Un dernier élément est très parlant en ce qui concerne le lien entre adonnement et performance. Si l'on reprend l'analyse de Thomas Straub[2], trois dimensions ont un impact fondamental sur la performance des fusions et acquisitions : la logique stratégique, les aspects humains de l'intégration et la dimension financière. Or, c'est bien souvent le facteur humain qui échappe à la financiarisation et à l'analyse stratégique, et qui se met en travers de la route. Il est ainsi couramment admis que le taux d'échec dépasse les 60 %, c'est-à-dire que la majorité des fusions détruisent de la valeur plutôt qu'elles n'en créent parce qu'elles enrayent la mécanique du don et du contre-don.

Toutes ces analyses, les nôtres comme celles que nous avons abondamment citées, autorisent à parler de

1. À chaque augmentation de deux points du niveau d'engagement des salariés, la satisfaction du client augmente d'un point. Une autre étude intersectorielle révèle que « 73 % des clients qui abandonneraient une entreprise le faisaient à cause de l'indifférence ou de la mauvaise humeur des employés du service clientèle », *in* « "Churn" : how to reduce customer abandonment », *The Marketing Intelligence Review*, n° 6, décembre 2005, cité par I. Getz et B. M. Carney, *op. cit.*, Paris, Flammarion, 2013.

2. T. Straub, *Reasons for Frequent Failure in Mergers and Acquisitions – A Comprehensive Analysis*, Deutscher Universitäts Verlag, Gabler Wissenschaft, 2007.

révolution du don. Le niveau de désengagement observé dans les entreprises pose de plus en plus problème aujourd'hui tant pour les salariés que pour les directions et rend urgente une prise de conscience qui replace la dignité humaine au cœur du dessein de l'entreprise[1].

C'est particulièrement vrai pour la France. Dans *Le Capitalisme d'héritiers*, l'économiste Thomas Philippon concluait[2] que « la mauvaise qualité des relations de travail constitue le frein le plus massif au dynamisme de l'économie française ». En effet, en croisant plusieurs enquêtes il faisait apparaître qu'en matière de qualité des relations de travail la France est 99^e^ sur 102 pays, juste devant le Venezuela, le Nigeria et Trinidad. De même, les réponses à une question posée sur le degré d'autonomie et de liberté dans le travail font apparaître la France en avant-dernière position de tous les pays européens, juste devant la Grèce[3]. Enfin, quant au volet reconnaissance, à la question[4] « Anticipez-vous que vos mérites seront reconnus et récompensés ? », seulement 21 % des employés du privé, 9 % de ceux des entreprises publiques et 5 % de ceux de

1. On s'intéressera dans cette perspective aux propositions développées par B. Segrestin et A. Hatchuel dans *Refonder l'entreprise*, Paris, éd. du Seuil, « La République des idées », 2012. Après avoir rappelé que, curieusement, il n'existe pas de statut juridique de l'entreprise en tant que telle, et que celle-ci est bien plus que la propriété de ses actionnaires (dans le cas des SA), une communauté d'hommes et de femmes engagés au nom d'un projet de création collective et liés par une certaine *affectio societatis* (p. 97), ils suggèrent la création d'un « contrat d'entreprise » qui ne viserait pas uniquement la création de valeur pour l'actionnaire mais, plus généralement, la création de richesses, le progrès social et la préservation de l'environnement.

2. T. Philippon, *Le Capitalisme d'héritiers. La crise française du travail*, Paris, éd. du Seuil, 2007, p. 11.

3. Chiffres 2004.

4. Enquête Capgemini Consultants avec TNBS SOFRES (2005), *op. cit.*, p. 57.

la fonction publique répondent oui. On voit le chemin qu'il reste à parcourir, et notamment en France, pour intégrer les leçons à tirer du principe de Mauss !

*En guise de synthèse*

Pour éclairer les facteurs qui favorisent le don et l'adonnement, suggérons un dernier schéma né de la rencontre imaginaire entre Marcel Mauss, Confucius et Hyacinthe Dubreuil. Mauss et la valse du don, Confucius énonçant cet aphorisme célèbre : « Tu dois avoir la tête toujours froide, le cœur toujours chaud et la main toujours ouverte », et Hyacinthe Dubreuil[1], qui voit les trois bases de l'« unité organique » dans l'estomac – car « la volonté de vivre matériellement est le mobile le plus puissant » –, dans la tête – « le siège de la volonté d'action » –, et le cœur – « le siège des émotions du sentiment ».

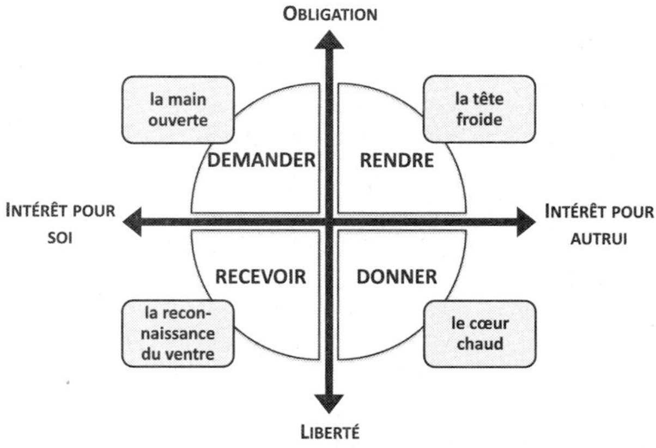


1. H. Dubreuil, *Si tu aimes la liberté, op. cit.*, p. 150-151.

*Demander la main ouverte*

Pour encourager les demandes, celles-ci ne doivent pas être faites par n'importe qui, pour n'importe quoi, ni n'importe comment.

D'où la nécessaire vigilance au niveau du recrutement pour s'assurer que les candidats sont en phase avec la culture de l'organisation. Chez L'Oréal, par exemple, une des expressions les plus partagées est la suivante : « Quand tu rentres chez nous, c'est pour trois mois, trois ans ou trente ans. » Trois mois représente *grosso modo* le temps de mesurer son incompatibilité durant la période d'essai. Trois ans, c'est le temps nécessaire pour enrichir son CV d'une belle expérience pour rebondir stratégiquement ailleurs. Trente ans, c'est dévouer toute sa carrière professionnelle à l'entreprise. Le PDG de Zappos, Tony Hsieh[1], explique ainsi que chaque nouvelle recrue se voit offrir quatre semaines de formation rémunérées, au terme desquelles une « prime de départ » de 2 000 dollars est offerte à ceux qui ne partagent pas la vision de l'entreprise. En effet, le surcroît d'autonomie offert pour favoriser l'adonnement s'accompagne d'un surcroît de responsabilité, et cela ne convient pas nécessairement à tout le monde.

Il s'agit aussi de ne pas demander n'importe quoi et de s'assurer que la demande ne lèse pas les intérêts d'autrui ou encore heurte les valeurs de l'organisation. Il importe que chaque collaborateur ait la possibilité d'utiliser ses compétences et sache préserver ses intérêts en évitant une surcharge de travail qui le mettrait en danger tant en termes de qualité, de fiabilité qu'au niveau de sa santé. D'où l'importance fondamentale d'être à l'écoute, de

1. T. Hsieh, *L'Entreprise du bonheur*, *op. cit.*

développer une authentique empathie pour son entourage professionnel. Comme l'a rappelé Laurence Vanhée, la liberté s'arrête là où commence celle des autres et il en va de même du respect des valeurs fondamentales de l'organisation. Au ministère belge de la Sécurité sociale, ces valeurs ont été définies collectivement et traduites en comportements concrets par les collaborateurs[1] : « Ne te contente pas de penser : éco-pense ! ; Ne te plains pas : innove ! ; Ne travaille pas : fais-toi plaisir ! ; Ne motive pas : accorde ta confiance ! ; Ne gère pas : aime ! » Un certain nombre de ces règles sont parfois non écrites, mais toujours très présentes puisqu'elles constituent les bornes de l'autonomie offerte. Chez Favi, en cas de retards répétés qui ne se justifient pas et gênent le travail de l'ensemble, il y aura un recadrage sévère par les pairs qui peut aller jusqu'à l'expulsion temporaire ou définitive d'une mini-usine.

Ne pas demander n'importe comment permet d'introduire la notion de respect et de considération. Notion fondamentale que certains chefs d'entreprise tel Ricardo Semler ont poussée très loin en réalisant une véritable nuit du 4 août dans leur organisation. Chez Semco, entreprise brésilienne, tous les privilèges ont été abolis afin que chacun soit traité sur un pied d'égalité : pas de parkings ou de bureaux réservés, pas d'organigramme ou de cartes de visite, les horaires sont libres… seuls les résultats sont évalués, sans tenir compte des comportements. Il a été décrété[2] que « la répétition et

1. L. Vanhée, *Happy RH, op. cit.*

2. R. Semler, *The Seven Day Weekend : Changing the Way Work Works*, Londres, Century, 2003. Il figure dans le « Global 110 young leaders profile » publié par le *Time Magazine*. Il hérita de cette entreprise familiale en 1982 à l'âge de 20 ans et la fit grandir de 4 millions de dollars à 212 millions de dollars en 2003. Semco a une activité très diversifiée (fabrication de mixeurs industriels, tours

l'ennui, que trop de monde accepte comme inhérents au travail, peuvent être remplacés par la joie, l'inspiration et la liberté ». Tous les signes extérieurs de pouvoirs ont été retirés. Le respect de la dignité de chacun fait partie de la Convention européenne des droits de l'homme et il importe que chacun puisse mettre les formes quand il exprime une demande sans que l'autre se sente mis en situation d'infériorité et « obligé » au point de perdre l'autonomie de sa volonté. François Michelin[1], PDG du groupe qui porte son nom pendant quarante-quatre ans, se fit un jour poser cette question lors d'un déjeuner : « Pourquoi n'avez-vous pas de DRH ? » Après une bonne minute de réflexion, il répondit : « Il y a un service du personnel. Qu'est-ce que vous penseriez si je vous considérais comme une ressource ? »

### *Donner le cœur chaud*

Pour favoriser les dons, rien de plus important que de suivre ce conseil donné par Isaac Getz & Brian Carney[2] : passer de « comment motiver les gens » à « comment élaborer un environnement où les salariés s'automotivent ». Lever les freins à la volonté de donner implique d'offrir les conditions matérielles adaptées, de soutenir le développement des compétences et de garantir

---

réfrigérantes, gestion de la propreté...), parfois en partenariat avec d'autres entreprises et emploie plus de 3 000 salariés pour un turnover de 1 %.

1. Anecdote rapportée par G. Flichy, animateur d'un club APM « Auvergne Nouveau Monde ». Signalons également à titre d'exemple que M. Bouygues a confié à FO groupe Bouygues l'organisation d'une « Journée du respect », le 22 novembre de chaque année.

2. I. Getz et B. M. Carney, *Liberté & Cie. Quand la liberté des salariés fait le succès des entreprises*, Paris, Flammarion, 2013.

l'autonomie qui apporte[1] « autant de sérénité joyeuse que la satisfaction de la faim donne de consentement à l'estomac creusé par une excursion matinale ».

Avant même que le concept de qualité de vie au travail ne devienne un sujet d'actualité, cela fait déjà longtemps que de nombreuses entreprises s'efforcent de créer un environnement de travail agréable qui participe de la fierté d'appartenance et incarne matériellement les valeurs de l'entreprise. Favi est l'une des premières entreprises de son secteur à avoir repeint l'usine du sol au plafond et laissé ses ouvriers libres de choisir les meilleurs outils pour accomplir leurs tâches. Les dernières volontés de Steve Job[2] ont été de construire le plus beau siège social du monde pour Apple en Californie, qui ressemblera à une navette spatiale posée dans 26 hectares de verdure, abritera 12 000 employés et ne coûtera pas moins de 5 milliards de dollars. Google fait également rêver par ses locaux futuristes dotés de bowlings, salles de billard, de relaxation, ses salons de coiffure gratuits et sa nourriture offerte… Les fondateurs Larry Page et Sergey Brin[3] considèrent qu'être une « *great place to work* » fait partie de leur ADN pour la convivialité que cela crée, car cela attire les meilleurs employés et renforce leur loyauté, leur ambition, leur capacité d'innovation et leur performance.

Il y a une forte corrélation entre la montée en compétence des équipes et l'adonnement parce qu'une meilleure qualification contribue à donner les clés de la réussite et de la polyvalence nécessaire à l'enrichissement des

1. H. Dubreuil, *La République industrielle*, Bibliothèque d'éducation, 1924.

2. B. Benoît, « Le nouveau campus d'Apple coûtera 5 milliards de dollars », *Le Figaro*, 5 avril 2013.

3. M. Crowley, « Not a happy accident : how Google deliberately designs workplace satisfaction », *Fast Company*, 21 mars 2013. Google est passé en quinze ans de 2 employés à 37 000 dans 40 pays différents.

tâches de chacun. D'après une étude réalisée auprès de 50 000 anciens diplômés d'écoles d'ingénieur[1], 65 % des ingénieurs interrogés estiment que leur formation initiale ne les a pas préparés à « s'intégrer dans une organisation, à l'animer et à la faire évoluer ». Il y a un véritable écart entre ce que fournit le système scolaire comme compétences et les attentes de l'entreprise. Et plus particulièrement en ce qui concerne les compétences sociales, ce qui faisait dire à Edgar Morin[2] : « Nulle part, on nous enseigne à nous comprendre les uns les autres. » D'où le fort accent mis sur le développement des compétences dans de nombreuses organisations qui, pour les plus grandes, n'hésitent plus à développer leurs propres universités internes. La Safran Corporate University[3] occupe par exemple 13 hectares près de Paris, ainsi que des implantations à Pékin et à Dallas, pour former 37 000 salariés par an. Au-delà de la production de contenus, il s'agit de réfléchir sur l'évolution des métiers, les contraintes internationales de certaines filières et de privilégier les promotions internes. Ce dernier point est essentiel pour donner des perspectives d'évolution et éviter que des collaborateurs venus de l'extérieur menacent la culture patiemment bâtie. Cette dimension est stratégique également en ce qui concerne les managers lorsqu'il

1. *CTI Infos*, n° 3, octobre 2008.

2. E. Morin, *Dialogue sur la connaissance,* Paris, éd. de l'Aube, 2002, p. 36.

3. On en dénombre déjà plus de 4 000 dans le monde, d'après C. Lagoutte, « Les universités d'entreprise ont le vent en poupe », *Le Figaro*, 8 avril 2012. Attention toutefois aux universités qui n'ont d'universités que le nom et qui ne délivrent que des formations directement utiles à l'entreprise, plus qu'au salarié lui-même et à ses capacités de réflexivité. D'après A. Solom, moins d'un salarié sur deux est satisfait de ses possibilités de formation en France, « Baromètre du bien-être et de la motivation », Edenred/Ipsos, avril 2011.

s'agit de les transformer en leaders en charge de faciliter le déblaiement des obstacles sur la route de salariés « automotivés ».

La confiance et l'autonomie ne se décrètent pas mais se traduisent opérationnellement sur le terrain. Chez L'Oréal, la fiche de poste reçue est conçue comme une sorte de noyau d'une cellule. Se contenter de réaliser le noyau, c'est ne rien comprendre à ce qui est demandé. Libre à chacun de construire la cellule elle-même et d'étendre son pouvoir d'influence et de compétence, d'où le fait que les *overlaps* ne posent pas de problèmes. Dans d'autres entreprises, il n'y a pas de fiches de poste, car elles sont perçues comme des bastions imprenables qui figent l'organisation et l'empêchent d'évoluer et de s'adapter aux changements permanents de l'environnement. C'est ce que résume Taiichi Ōno[1], considéré comme le père du système de production de Toyota : « Si l'on traçait des lignes sur un terrain de football délimitant rigoureusement la zone d'activité de chaque joueur, cela enlèverait beaucoup d'intérêt au jeu. » Il en va de même des objectifs. Isaac Getz[2] explique que lorsqu'il y a des planchers de résultats à atteindre, dans les faits, cela devient vite des plafonds, « parce que [si] vous obtenez ce que vous mesurez, votre mesure devient votre résultat ». Ne pas détruire cette autonomie en tant que manager implique de savoir poser les bonnes questions plutôt que de s'entêter à vouloir apporter les réponses, et à promouvoir les décisions concertées et collégiales. C'est ce qui fait dire à Jean-Louis Beffa[3], PDG de Saint-Gobain pendant vingt

1. T. Ōno, *L'Esprit Toyota*, Paris, Masson, 1989, p. 35.

2. I. Getz et B. M. Carney, *Liberté & Cie. Quand la liberté des salariés fait le succès des entreprises*, Paris, Flammarion, 2013, p. 15.

3. H. Hamon, *Ceux d'en haut. Une saison chez les décideurs*, Paris, éd. du Seuil, 2013.

et un ans : « Sur le plan humain, le PDG doit être paresseux, il ne doit faire que ce qu'il est obligé de faire, ne pas se mêler de ce qui incombe à un collaborateur dont vous pensez que vous réussiriez mieux que lui. »

*Recevoir, la reconnaissance du ventre*

« Seul celui qui reçoit avec gratitude transforme en don ce qu'il a reçu », écrivions-nous dans le chapitre consacré à cette étape du « rendre ». Prendre sans reconnaître l'adonnement se vit comme du mépris ou de l'humiliation, voire comme la perte du sentiment d'exister chez ceux qui s'aperçoivent tout à coup s'être trop adonnés. D'où l'importance fondamentale de la reconnaissance, des résultats obtenus, naturellement, mais aussi des collectifs constitués pour y parvenir, sans oublier les individualités qui les composent.

Au niveau des résultats obtenus, la difficulté vient du fait qu'à récompenser matériellement sous forme de prime immédiate il y a un risque de remplacer peu à peu les motivations intrinsèques à la source de l'adonnement par des motivations extrinsèques. Par ailleurs, si les gratifications financières procurent une satisfaction immédiate, c'est sans aucun doute ce qui influe le moins sur le bonheur dans la durée. D'où la possibilité d'offrir ce type de prime de manière inattendue, afin que cela ne se transforme pas en dû, voire de les supprimer tout simplement comme chez Favi. Jean-François Zobrist va jusqu'à déclarer que « les primes c'est comme un os qu'on jette à un chien » ! À la place, il préfère garantir au collectif du travail une clé de répartition de la valeur, en l'espèce 7 % du *cash flow*. Chez Semco, les salariés négocient entre eux leurs salaires et décident de la répartition des bénéfices. La question de l'équité joue sur l'adonnement et chaque entreprise définit un équilibre entre ce qui reste dans l'entreprise, ce qui revient aux salariés et ce qui rémunérera les actionnaires. Encore faut-il pouvoir en débattre car il y a bien un « drame » de la financiarisation de l'économie pour reprendre l'expression de Franck Riboud[1], PDG de Danone depuis 1996 : « les patrimoines à coups de bonus, de stock-options, d'actions gratuites, c'est terriblement dangereux, c'est le signe d'une gestion qui perd l'équilibre entre le social et l'économique. »

Au niveau des collectifs constitués, il importe de reconnaître non seulement le professionnalisme avec lequel les tâches sont accomplies, mais aussi l'implication et les efforts engagés pour fournir un travail de qualité. La reconnaissance du travail par le supérieur hiérarchique direct[2] constitue encore l'attente prioritaire pour 59 % des salariés français, 49 % des salariés allemands et 40 % des salariés américains. D'après Christophe Laval[3] : « Dans un stade, peu importe le sport, si les supporters ne se manifestent que lorsque des points sont marqués, les performances vont tomber. » La faiblesse de cette reconnaissance de l'adonnement chez les managers découle selon lui de cinq principaux facteurs : en premier lieu la crainte de susciter des attentes irréalistes ; en deuxième lieu le manque de temps et la forte charge de travail ; en troisième lieu la gêne et le manque de formation pour savoir comment s'y prendre ; en quatrième lieu le manque de confiance et de délégation et enfin le fait de l'éloignement des dirigeants et l'absence de droit

1. *Id.*

2. Enquête 2007 BVA pour BPI. D'après l'enquête 2011 BVA pour BPI, pour « 75 % des salariés, le manager de proximité joue un rôle clé dans leur attachement à l'entreprise ». Mais ils ne sont que 22 % à avoir une très bonne opinion de leur supérieur hiérarchique direct.

3. C. Laval, *Livre blanc. Enjeux et perspectives de la reconnaissance au travail*, Paris, VPHR, nov. 2013.

à l'erreur. Ces cinq facteurs peuvent naturellement être corrigés mais il s'agit bien souvent pour cela d'opérer de véritables changements culturels qui doivent être portés par la direction. Sur ce dernier point par exemple, il n'y a rien de plus important que d'assurer une proximité quotidienne du management sur le terrain. Ainsi, Bill Gore[1], PDG pendant trente ans de W. L. Gore and Associates, connu notamment pour le Gore-Tex, réalisait une tournée quotidienne dans les usines et demandait fréquemment : « Vous avez fait des erreurs récemment ? » En cas de réponse négative, il répondait : « Vous n'avez pas pris assez de risques ! »

Au niveau des individus qui constituent ce collectif, chacun se voit constamment tiraillé[2] entre des attributions identitaires qui résultent peu ou prou d'une forme de déterminisme social (titre, poste, diplôme, maîtrise du vocabulaire et des usages d'un milieu professionnel…) et la recherche d'une certaine singularité individuelle qui empêche de se fondre complètement dans la masse de ses semblables. L'identité, cette forme d'enveloppe qui offre la conscience de soi, résulte ainsi d'un double mouvement « entre cette identité qui vient du dehors… », résume Claude Lévi-Strauss[3] « et celle que nous-mêmes essayons d'établir du dedans ». Un collectif fort suppose des individus ayant fortement conscience de leurs spécificités individuelles, capables de signaler les dysfonctionnements qu'ils repèrent, en mesure de négocier leur temps et leur charge de travail afin de ne pas sacrifier

1. I. Getz et M. Brian Carney, *Liberté & Cie. Quand la liberté des salariés fait le succès des entreprises*, *op. cit.*, 2013.

2. J.-É. Grésy, R. Pérez Nückel et Ph. Emont, *Gérer les risques psychosociaux. Performance et qualité de vie au travail,* Issy-les-Moulineaux, ESF Éditeur, 2013.

3. Cl. Lévi-Strauss, *L'Identité*, Paris, Grasset, 1977, p. 72.

leur vie personnelle à leur vie professionnelle et réciproquement, à même aussi de poser des limites lorsque l'autorité hiérarchique apparaît manifestement abusive... Hyacinthe Dubreuil[1] en fait la pierre angulaire de toute organisation humaine : « L'individu est donc l'élément *indivisible* qui doit être pris comme base de la liberté, et le point de départ qui déterminera le caractère de toutes les structures dans lesquelles il sera incorporé. Il importe donc au plus haut point que cet individu soit déjà un homme libre, un homme *capable* d'être libre. L'homme libre est celui qui peut faire face de lui-même à toutes les circonstances de la vie. »

*Rendre la tête froide*

L'expression qui revient avec la plus forte occurrence à ce stade est celle de « donner du sens » à l'adonnement. Si ce mot agit avec une force d'attraction particulière, ce n'est pas un hasard. François Cheng[2] considère ainsi qu'il s'agit du « diamant du lexique français », puisque le mot « sens » évoque à la fois une direction, une signification et une sensation, « les trois niveaux essentiels de notre existence au sein de l'univers vivant ». En outre, ces trois niveaux se déclinent selon un ordre logique puisque la dimension stratégique (direction) se traduit traditionnellement en objectifs opérationnels (signification) dont l'implication des collaborateurs pour les atteindre est éminemment affective et subjective (sensation).

La direction à suivre permet de formuler les grandes orientations stratégiques. Cela implique une certaine consistance, comme l'exemple de Southwest Airlines

1. H. Dubreuil, *Si tu aimes la liberté, op. cit.*, 1962, p. 146.
2. F. Cheng, *Le Dialogue*, Paris, Desclée de Brouwer, 2002, p. 5.

et L'Oréal privilégiant le long terme l'a notamment montré. Pour préserver sa stratégie de long terme, Ingvar Kamprad, le fondateur du groupe Ikea, qui emploie désormais 139 000 personnes dans 44 pays, s'est ainsi toujours refusé à accueillir un investisseur extérieur ou à s'introduire en Bourse. Parce que son développement[1] exige, selon lui, « des investissements à la fois lors des périodes fastes et difficiles, le groupe s'efforce de rester indépendant financièrement ». Cela implique également une certaine cohérence entre ce qui est affiché et ce qui se traduit dans les faits[2]. Prôner l'autonomie sans avoir une once d'échantillon sur soi est dévastateur. Jean-François Zobrist a fait sienne cette citation de Nietzsche[3] : « Celui qui a un "pourquoi" qui lui tient lieu de but, de finalité, peut vivre avec n'importe quel "comment". » Il distingue ainsi les entreprises « Comment », empêtrées dans les process, procédures, règles, les cloisons et l'empilement des strates hiérarchiques qui perdent le sens de ce qu'elles font, et les entreprises « Pourquoi », qui traduisent une vision portée « par le chef jusqu'à l'ouvrier », et où « la liberté du comment est la liberté de chacun ». Simon Sinek[4] considère que cela vaut aussi pour les clients : « Ce que les gens achètent, ce n'est pas ce que vous faites, mais pourquoi vous le faites ! » Cela s'expliquerait sur le plan biologique par notre processus de prise

1. « Ikea : Ingvar Kamprad quitte le conseil d'administration », *Challenges*, 5 juin 2013.

2. À la question « Je comprends et j'adhère à la stratégie de mon entreprise », 51 % des salariés français interrogés ont répondu non, d'après un sondage IFOP-Michael Page pour la 2e édition des Trophées du Capital humain, juin 2010.

3. Cité par V. E. Frankl, *Découvrir un sens à sa vie avec la logothérapie*, Paris, éditions de l'Homme, 2007.

4. S. O. Sinek, *Start With Why : How Great Leaders Inspire Everyone to Take Action*, Portfolio Hardcover, 2009.

de décisions, du système limbique au néocortex, de l'abstrait au concret. Toutes les entreprises savent expliquer ce qu'elles font et à peu près comment elles le font. Mais peu d'entre elles savent dire réellement « quelle est leur raison d'être ». Faire du profit ou être leader ne répond pas à ce questionnement. Apple a fait son succès autour du *Think different*, par exemple en fédérant ses clients autour de son engagement à remettre en cause les *statu quo*. Dans la même veine, S. Sinek ajoute que l'objectif d'une entreprise « n'est pas de recruter ceux qui ont besoin d'un travail. Le but c'est d'employer ceux qui partagent ses convictions ».

Aussi précises que puissent être les finalités de l'entreprise, c'est dans leur signification opérationnelle, à l'épreuve du client ou de l'usager, qu'elles devront s'incarner concrètement. C'est même l'« hygiène fondamentale » du dirigeant, selon Philippe Crouzet, président du directoire de Vallourec[1], qui parle à ce titre d'un « "aller-retour" permanent entre le long terme, le stratégique, et le court terme, l'opérationnel ». L'exemple de France Télécom est très illustratif. Après l'éclatement de la bulle Internet, ce groupe s'est retrouvé être le deuxième le plus endetté du monde et a choisi de « verticaliser » son mode de fonctionnement autour d'un pilotage très centralisé des coûts. Faire des économies avec une rationalisation à outrance des process a déboussolé bon nombre des salariés jusqu'à provoquer une crise sociale aiguë qui s'est cristallisée en 2009 autour de la question des suicides. Christine Delanoë[2], DRH France, explique

1. « D'où vient le leadership des patrons du CAC 40 ? », *Décideurs*, 26 décembre 2013.

2. J. E. Grésy, R. Pérez Nückel et Ph. Emont, *Gérer les risques psychosociaux. Performance et qualité de vie au travail, op. cit.*, 2013. Il y a eu également en interne toute une démarche d'accompagnement

que, pour en sortir, sa démarche a consisté non seulement à « redonner davantage de marges de manœuvre et de responsabilités aux acteurs », mais aussi à régionaliser le business afin que chacun mesure les effets tangibles de sa mobilisation pour « fidéliser nos clients et en acquérir de nouveaux ». Se rapprocher du client, c'est mieux comprendre « pour quoi » et « pour qui » l'on travaille et se sentir davantage investi et responsabilisé.

Enfin, la sensation vient de la satisfaction des besoins d'autonomie, de respect, d'équité, des perspectives d'évolution, d'un travail intéressant et suffisamment varié, de la reconnaissance obtenue, des résultats accomplis, de la qualité des relations aux autres… Même si ce ressenti demeure éminemment subjectif naturellement, il se mesure et se ressent concrètement au niveau de l'ambiance d'une équipe. Au-delà des nutriments qui favorisent cet adonnement, dans la mesure où chaque collaborateur hiérarchise différemment ses besoins, il s'agit pour l'organisation de créer les conditions de travail permettant à chacun d'optimiser son niveau de satisfaction sans chercher à le faire à leur place. Pour y parvenir, il convient de s'assurer que les quatre systèmes décisionnels précédemment décrits (don-négociation-règle-pouvoir) opèrent une forme de « chaînage » efficace entre eux. Favoriser une « conflictualité productive », pour reprendre l'expression de Ricœur[1], et sanctionner les comportements déviants. Si la violence n'est pas accep-

---

auprès des salariés en difficulté et une profonde évolution managériale. En 2009, la fierté d'appartenance était tombée à 35 %. Elle est remontée à plus de 80 % en 2012.

1. P. Ricœur, *La Critique et la conviction (Entretiens)*, Paris, Calmann-Lévy, 1995, p. 125. Dans cet ordre d'idées, nous pouvons citer l'exemple du Crédit Agricole qui a intégré dans son « parcours dirigeants » une épreuve de gestion des conflits pour accéder aux plus hautes responsabilités.

table, ce n'est pas le conflit qui pose problème dans la vie d'une organisation, mais la manière dont il est géré. Bien le gérer consiste à encourager la négociation dès les premiers signaux faibles de tensions dans l'adonnement afin que ce qui relève du don ne se mue pas en poison insidieusement. C'est aussi baliser ce qui relève de la négociation, notamment lorsqu'une décision engage l'avenir de l'entreprise et nécessite consultation. Dans cet esprit, Laurence Vanhée[1] a introduit ce qu'on pourrait appeler le « Mauss 2.0. » au sein du ministère belge de la Sécurité sociale, à travers le développement des réseaux sociaux et de plates-formes collaboratives. Il s'agit de se positionner dans la « guerre des talents », de réduire « l'usage des emails » et d'accélérer « la rapidité d'accès à l'information » ; de favoriser la création de communautés et le *networking* ; de partager ses idées, de trouver des réponses et de l'inspiration, de diffuser les bonnes nouvelles et de célébrer les succès… Cet état d'esprit se transpose également dans la manière dont les entreprises structurent leurs partenariats et leurs relations externes[2] (clients et fournisseurs). Les parois de l'organisation ne sont pas étanches et les acteurs n'opèrent pas un dédoublement de personnalité, ils adoptent assez naturellement à l'extérieur l'attitude qu'ils adoptent vis-à-vis de leurs collègues.

En conclusion, il n'y a pas de *one best way* en matière de don et d'adonnement, et donc pas de solution miracle en termes de management, ni de recette immuable. Le sociologue et économiste Philippe d'Iribarne avait déjà

1. L. Vanhée, *Happy RH…, op. cit.,* 2013.
2. R. Naimark, R. Pérez Nückel, I. Vaugon et V. de Witt, *Vers un management optimisé des litiges*, FIDAL-AAA, 2009.

parfaitement établi dans un ouvrage[1], qui inaugurait toute une série d'approches et de recherches d'inspiration culturaliste sur le fonctionnement des organisations, comment il est possible d'atteindre une productivité équivalente avec des systèmes de répartition des tâches, de pouvoir et d'autorité extrêmement différents. En privilégiant le contrat (la négociation, si l'on préfère) aux États-Unis, le consensus aux Pays-Bas et l'honneur du travail bien fait en se conformant à son statut, par « devoir d'état », en France. Comme l'écrit R. K. Narayan[2], « Si tu me montres une maison où il n'y a pas de problème, je te montrerai comment parvenir à la solution universelle de tous les problèmes ». Favoriser l'adonnement dans une TPE de 8 personnes ne relève pas d'une complexité comparable à celle d'une multinationale de 80 000 personnes[3], même si les fondamentaux restent les mêmes aux bornes de l'unité que constitue l'équipe de travail. Toutes ces « bonnes pratiques » réunies autour du demander-donner-recevoir et rendre sont étroitement corrélées entre elles. Un merveilleux environnement de tra-

1. Ph. d'Iribarne, *La Logique de l'honneur,* Paris, éd. du Seuil, 1989.

2. R. Krishnaswami Narayanaswami, *Le Guide*, Paris, Belfond, 1990.

3. B. Gore écrit ainsi « À deux, la coopération peut être excellente [...]. La coopération subit une chute vertigineuse dès que le groupe devient assez important pour que tout le monde ne se "connaisse" plus. À cette étape, on entend le "nous avons décidé", ou fait, ou pensé, etc., se transformer en "ils ont décidé", etc. Il est difficile d'empêcher cet effondrement de la coopération dans les groupes qui comptent plus de cent cinquante personnes environ. Au-delà, il devient indispensable d'imposer des règles, des régulations, des procédures et d'autres mesures de ce genre, qui dictent la façon dont la coopération doit se faire », *in* « The lattice organization – A philosophy of enterprise », 7 mai 1976, note interne citée par I. Getz et B. M. Carney, *Liberté & Cie, op. cit.*

vail ne saurait suppléer par exemple à une surcharge de travail liée à un manque d'effectifs. Si les tâches sont ennuyeuses et répétitives, y adjoindre des activités ludiques limite certes le *turnover*, mais peut générer des baisses de performance[1]. Les motivations évoluent en fonction des âges de la vie, des contextes et des personnalités de chacun. D'où l'importance de ne négliger aucun de ces facteurs décrits car il y a une dimension éminemment subjective, propre à chacun, dans les langages de l'adonnement. C'est ce qui fait toute sa richesse et nous rassure sur le fait que le management a encore de beaux jours devant lui. À condition que le « management » ne consiste pas « à compliquer le travail des gens », comme le déplore Peter Drücker, mais à surmonter les obstacles au don et à l'adonnement.

1. M. J. Tews, J. W. Michel et K. Stafford, « Does fun pay ? The impact of workplace fun on employee turnover and performance », *Cornell Hospitality Quarterly*, novembre 2013, n° 54, p. 370-382.

# *Conclusion sur le manager « Maussquetaire »*

Le principe de Mauss éclaire l'énigme de la bonne volonté, l'essence de la convivialité dans les organisations. L'expression qui revient systématiquement dans les entreprises où cela marche le mieux est celle de « joyeux bordel organisé » ! Cela signifie qu'il y a davantage de confiance que de contrôle, d'autonomie que de directives, de plaisir à travailler que de souffrances. Ne pas tout perdre en voulant tout gagner a pour corollaire : c'est en perdant sincèrement du temps avec et pour les autres que l'on en gagne et que ce qui semblait impossible individuellement devient possible collectivement. De nombreuses organisations l'ont heureusement compris, mais il faut faire preuve d'un courage managérial à toute épreuve pour résister aux modes et divers conseils en rationalisation à tous crins. Toutefois, le manager « Maussquetaire » est désormais à la fois conforté et mis au défi par les jeunes générations qui arrivent sur le marché du travail et qui fonctionnent déjà sur le modèle du « Mauss 2.0. ». Retirez-leur leurs réseaux sociaux (Facebook, Linkedin, Twitter…) et ils deviennent malheureux car ils ont compris que le bonheur comme l'explique Jonathan Haidt[1], n'est pas « en » soi mais « entre » soi, dans les relations aux autres, dans le

1. J. Haidt, *Hypothèse du bonheur : la redécouverte de la sagesse ancienne dans la science contemporaine*, Bruxelles, Mardaga, 2010.

partage. Ce qui apparaît virtuel aujourd'hui, ce qu'il y a de plus moderne, s'appuie en définitive sur le principe anthropologique le plus ancien. La clé du lien social décrite par Mauss est intemporelle et vaut quelle que soit l'évolution des modes de communication. Si le principe de Mauss peut être mis à mal et péricliter dans une organisation malsaine, il peut tout aussi bien se redéployer aussitôt que l'homme est replacé au cœur du dessein de l'organisation.

Dans cette agence départementale d'un important groupe mutualiste, les résultats étaient en berne depuis longtemps. Chaque année, les désaffiliations l'emportaient nettement sur les arrivées de nouveaux sociétaires. Elle était devenue le mouton noir du groupe, toutes agences confondues. En 2004, un nouveau directeur qui avait fait ses preuves ailleurs fut envoyé pour remettre de l'ordre et de l'efficacité. Conformément aux normes en vigueur du néomanagement – celles que l'on applique aussi massivement au secteur public désormais –, il crut pouvoir y parvenir en imposant des objectifs quantitatifs individualisés aux employés. Une douzaine. À chaque nouveau contrat obtenu, il fallait inscrire un petit bâton dans une case pour se faire « objectiver », comme disent les salariés qui décrivent cette période, rétrospectivement, comme celle de la « bâtonnite ». Et au départ, notre directeur crut avoir réussi. La productivité s'accrut véritablement. On plaçait beaucoup plus de nouveaux contrats. Assez rapidement, cependant, le climat au sein de l'agence était devenu exécrable, les employés ne s'occupant plus des sociétaires anciens et se faisant concurrence pour capter l'attention des nouveaux clients potentiels. Ceux-ci, ressentant sans doute l'ambiance générale, devenaient agressifs. Même les jeunes, bien meilleurs vendeurs, découvraient que les primes qu'ils percevaient n'étaient pas suffisantes pour compenser l'hostilité que leurs exploits suscitaient chez les plus anciens. Et, au bout du compte, il apparut que les nouveaux contrats n'étaient pas solides et ne compensaient toujours pas l'érosion des contrats anciens qui continuaient à être massivement résiliés. Opération négative, donc, puisqu'il est beaucoup plus onéreux de chercher de nouveaux clients que de fidéliser les anciens en leur inspirant confiance.

Voici, en quelques mots, ce qu'une enquête récente auprès des salariés de cette agence a permis de reconstituer. Il fallait les écouter pour le croire car, au moment de l'enquête, on ne pouvait manquer d'être frappé par le climat étonnamment amical et chaleureux qui régnait entre eux, tous âges confondus. Et, depuis un an, les résultats étaient devenus positifs, les meilleurs de la région. Que s'était-il passé ? Des changements objectifs, d'une part : un déménagement, de nouvelles procédures de rapport aux sociétaires ; mais, surtout, l'arrivée d'un nouveau directeur, une directrice, universellement aimée et respectée, qui avait mis un terme à la bâtonnite. Appelons-la Zesta. Sa doctrine : non pas valoriser les résultats en tant que tels, mais les efforts des uns et des autres en fonction de leurs capacités et de leur parcours. Non qu'elle ait d'illusions sur les différences d'efficacité entre les uns et les autres. Les plus anciens, formés à un autre métier que celui qui prévaut désormais, dévoués aux activités de conseil mais allergiques à la vente, sont, compte tenu de leurs rémunérations plus élevées, au moins cinq fois moins rentables, explique-t-elle, que les plus jeunes. Au moins dans un calcul immédiat. Mais Zesta sait aussi que la bonne entente au sein de l'équipe est l'atout le plus précieux, et que si les plus anciens ne savent pas trop comment gérer les nouveaux types de contrats existants, et encore moins les vendre, ils savent comment fidéliser les sociétaires anciens et les orienter vers leurs collègues plus jeunes pour explorer avec eux de nouvelles possibilités. Surtout, elle a une estime et une empathie réelle envers tous ses salariés, sachant reconnaître la valeur et l'expérience des différents types humains réunis sous son autorité (dont beaucoup de syndicalistes), et n'hésitant pas à bousculer les plannings lorsqu'un événement personnel imprévu survient. Pas étonnant, dès lors, qu'elle jouisse d'une telle reconnaissance – dont l'intensité surprend l'observateur –, puisqu'elle sait reconnaître chacun dans ce qui fait sa valeur propre. Et que nombre de salariés interrogés disent : « Zesta, on a envie de lui donner, parce qu'avec elle c'est donnant-donnant. »

Donnant-donnant ? Cette expression mérite un commentaire. Dans son usage ordinaire, elle désigne le *do ut des* : je te donne ceci si tu me donnes cela. Pour que tu me donnes cela. Le marchandage, la négociation et le contrat. L'échange conditionnel. Mais ce n'est pas du tout cela que les salariés ont en tête en parlant de donnant-donnant. Ils veulent dire, au contraire, que parce que leur directrice est dans une position de don, au-delà du contrat, alors ils le sont aussi. Cela peut se formuler conformément aux catégories utilisées par les chercheurs du MAUSS. En disant tout d'abord que Zesta met en branle une logique d'« inconditionnalité conditionnelle[1] ». Dans ce cadre, on affirme d'abord, par le don fait sans attente de retour spécifique, qu'on est inconditionnellement ensemble, membres et parties prenantes du même collectif, de la même histoire, de la même aventure. Ce n'est qu'après, secondairement, une fois cette inconditionnalité établie, rendue évidente et acceptée, que l'on peut commencer à faire les comptes et passer au registre de la conditionnalité et du contrat. Dans le cadre de cette inconditionnalité conditionnelle propre au don maussien, règne ce que le sociologue canadien Jacques T. Godbout

1. Voir A. Caillé, *Anthropologie du don*, *op. cit.*

appelle un « endettement mutuel positif », une situation dans laquelle chacun a le sentiment de recevoir plus des autres qu'il ne leur donne, et où tout le monde se sent donc gagnant. Et l'est réellement[1].

Le directeur, le leader, le manager, le coach, l'animateur, ce que l'on voudra, joue donc dans les organisations, chacun à son niveau, un rôle décisif. C'est lui qui incarne et articule la logique technique et fonctionnelle de l'*efficacité*, d'une part, et, de l'autre, la logique de l'*efficience*, celle du don et de l'adonnement. Représentant et interprète à la fois des finalités de l'organisation et de son esprit, il conjoint en sa personne, avec plus ou moins de bonheur, la figure du donateur et celle du donataire. Complétée, bien sûr, par celle du contractant, de l'énonciateur de la règle et du détenteur, *in fine*, du pouvoir. Mais, comme nous l'avons vu, l'étincelle de l'efficience, c'est d'abord le don et l'adonnement. Négociation, règles et pouvoir n'ont de sens et d'*efficace* que mis à leur service.

Arrivés à ce stade, il nous faut, pour finir, aborder deux problèmes délicats. Le premier est celui de savoir dans quelle mesure il est permis d'utiliser le don jusqu'à en faire un instrument au service de l'efficacité organisationnelle et, donc, d'un certain pouvoir, qu'il s'agisse du pouvoir de l'État, de celui du capital, de l'association, etc. Pour certains de nos lecteurs cette question se posera d'autant plus que, même si les thèses que nous avons exposées valent pour toutes les organisations, nous les avons illustrées majoritairement avec des exemples

1. J. T. Godbout, *Ce qui circule entre nous. Donner et recevoir*, Paris, éd. du Seuil, 2007. La littérature économique ou gestionnaire parle souvent d'une situation *win-win*, gagnant-gagnant, mais elle la présente comme le résultat d'un calcul coût-avantages réciproque. Or on ne peut pas arriver à une telle situation par marchandage ou négociation. Il y faut une part de don et d'inconditionnalité.

issus du monde de l'entreprise et du salariat. Or, le salariat est par définition une situation de subordination. N'est-il pas contradictoire et illégitime de vouloir mettre le don au service de la subordination ? Et, corrélativement, de l'enrichissement parfois vertigineux d'un tout petit nombre, les un pour cent, ou les un pour mille quand ce n'est pas les un pour dix mille, etc. ?

Assurément, la réponse à cette question dépendra largement du degré de légitimité qu'on accorde au monde de l'entreprise et à l'économie de marché. Mais, en tout état de cause, plus personne aujourd'hui ne croit sérieusement qu'on pourrait s'en passer. La question de savoir quel degré d'inégalité dans la répartition des richesses est souhaitable et tolérable est tout à fait cruciale, mais il nous a semblé qu'elle pouvait être laissée de côté ici[1] pour nous permettre de nous concentrer sur l'objectif de rendre la dimension de subordination inhérente au salariat (tout aussi présente, le plus souvent dans le secteur public ou dans celui de l'économie sociale) la moins aliénante possible. Pour cela il importe de rompre au plus vite avec les dogmes du néomanagement, cette nouvelle forme du taylorisme. Dans ce cadre, comme l'écrit le sociologue des entreprises François Dupuy, « le mode managérial dominant est celui de la coercition », particulièrement répandu en France, ce qui n'est pas sans expliquer le retrait du monde du travail qui touche toutes les catégo-

1. Rappelons néanmoins que, selon l'économiste P. Krugman, là où la rémunération des cent patrons américains les mieux payés était trente-neuf fois supérieure à celle de leurs salariés dans les années 1970, elle était de l'ordre de mille fois plus élevée, quarante fois plus donc, au tournant des années 2000. En 2013, selon le Bloomberg's Billionaires Index (Bloomberg.com/billionaires), les 300 personnes les plus riches du monde ont gagné 542 milliards de dollars en 2013. Leur patrimoine s'élève à 3 700 milliards de dollars, soit près d'une fois et demie le PIB français.

ries de salariés, des cadres supérieurs au bas de l'échelle[1]. Le principe de Mauss fait apparaître que cette coercition, qui ne respecte pas la créativité et la dignité des salariés, est à la fois aliénante et inefficiente. Le pari à faire, le pari gagnant, est donc, à l'inverse, celui de l'autonomie, et du désir de donner et de s'adonner. Oui, mais diront certains, pousser à l'adonnement, n'est-ce pas une forme d'incitation au surtravail et donc à l'exploitation ?

Retour, donc, à la question des effets pervers possibles de l'instrumentalisation du don. Qu'il serait vain de dénier. N'importe quel commercial ou représentant de commerce sait utiliser toutes les ficelles du don pour arriver à ses fins. Et notamment la force de l'obligation de rendre à celui dont on croit qu'il vous a donné quelque chose. Et, bien sûr, en entreprise ou dans les organisations, ces ficelles ou ces appâts – l'appât du don[2] – sont légion. Néanmoins, elles ne peuvent « marcher » qu'un temps, le temps que les faux-semblants se dissipent. De même que, selon Dale Carnegie, le seul moyen efficace pour se faire des amis et gagner de l'influence, c'est de les aimer vraiment, de même la seule politique du don efficace est celle qui prend le don au sérieux et donne vraiment. C'est-à-dire donne vraiment la possibilité de donner et de s'adonner. Cela ne supprime pas toute dimension d'instrumentalisation. Même l'impératif moral catégorique, particulièrement exigeant, de Kant, « Traiter autrui comme une fin », y fait droit lorsqu'on le lit en entier (ce qu'on fait rarement) : « Traiter autrui comme une fin *et pas seulement comme un moyen* » (sou-

1. F. Dupuy, « Rétablir la confiance et l'engagement », *Le Monde,* Eco&Entreprise, 13 novembre 2012, p. 7. Voir aussi V. de Gaulejac, *Travail. Les raisons de la colère*, Paris, éd. du Seuil, 2011.

2. J. T. Godbout, *Le Don, la dette et l'identité*, Paris, Le Bord de l'eau, juin 2013.

ligné par nous). Dans toute relation humaine, une part d'instrumentalité et de calcul est en effet nécessairement présente. Dans une organisation saine, elle est croisée et réciproque. Les dirigeants tentent de mettre les membres de l'organisation au service de ses objectifs, mais les membres de leur côté utilisent aussi l'organisation à leurs propres fins. Utilitaires, d'une part, lorsque l'organisation leur assure un salaire. Mais extra-utilitaires, tout autant, puisque c'est dans le cadre de l'organisation qu'ils nouent des relations de camaraderie ou d'amitié partagée et qu'ils trouvent le moyen de s'investir dans des activités dignes d'intérêt pour peu qu'ils puissent y déployer leur créativité[1].

Parler des « ficelles » ou d'« appât du don » permet de poser encore d'une autre manière cette question du rapport entre don et instrumentalité en abordant le second problème délicat que nous annoncions : quel est, au bout du compte, le statut des analyses que nous avons présentées sous l'égide du principe de Mauss ? Chaque lecteur apportera la réponse qui lui parle, mais il y en a une qu'il faut écarter vigoureusement. Ce livre n'est pas un ensemble de recettes de gestion par le don. Même s'il obéit à des règles qu'il faut savoir respecter – ce sont elles que nous avons tenté d'expliciter et de systématiser *a minima* –, le don ne se met pas en recettes. C'est d'ailleurs la raison pour laquelle il n'est fondamentalement pas instrumentalisable. Les quatre temps du cycle du don se chevauchent et s'interpénètrent sans cesse, si bien qu'on ne sait jamais

1. Il convient donc de relativiser et dialectiser la célèbre distinction opérée par la philosophe Hannah Arendt, dans *La Condition de l'homme moderne*, entre le travail, l'œuvre et l'action, le travail qui se réduirait à des fins strictement utilitaires, l'œuvre visant à une certaine pérennité des objets créés, et l'action, la capacité à faire apparaître du nouveau au sein d'une pluralité humaine. Il y a bien en réalité une dimension d'œuvre et d'action au sein du travail et des relations de travail.

distinguer de manière assurée, et encore moins définitivement assurée, qui donne de celui qui donne, de celui qui demande, de celui qui reçoit ou de celui qui rend. Et celui qui croirait le savoir, celui qui croirait être le donateur, par exemple, et mériter reconnaissance et dons en retour, celui-là a de fortes chances de sortir du cycle du demander, donner-recevoir-rendre pour initier ou retourner dans celui du ignorer-prendre-refuser-garder. De basculer du symbolique au diabolique.

Le don est donc affaire d'esprit de finesse et non de géométrie. De tact et de doigté. D'incertitude mais aussi de confiance à la fois. À celui de nos lecteurs, gestionnaire, qui croirait avoir trouvé ici des recettes de gestion – du style de celles que prodiguent abondamment les cabinets de conseil –, nous ne pouvons que dire qu'il nous a mal compris, et lui conseiller de reprendre sa lecture au début. Nous croyons à l'inverse que celui qui aura compris à la fois toute l'incertitude et la puissance du don saura en retirer un grand bénéfice, et tous ses associés avec lui. Le bénéfice paradoxal du don.

# Annexe

# Petit guide des sept péchés capitaux contre le don au sein des organisations

Il a été montré que le principe de Mauss dans l'organisation est inhérent à tout type de relation et fonctionne de ce fait à 360° :

- De manière horizontale (entre collègues) et verticale (avec la hiérarchie).
- En interne (lorsque l'organisation entretient et reconnaît plus ou moins solennellement l'adonnement de ses membres) et en externe (avec certains partenaires, clients, fournisseurs, usagers, patients…).
- Mais aussi vis-à-vis de soi, avec le sentiment du devoir accompli, du travail bien fait quand on a exprimé son « don », donné libre cours à ses talents, ce qui est la voie de l'accomplissement personnel.

Les dérèglements du don, tels qu'ils ont été décrits, sont au cœur des préoccupations des organisations. Le passage du symbolique au diabolique peut survenir très facilement si l'on n'y prend pas garde. Le don, nous l'avons vu, est en effet cadeau ou poison, bienfait ou méfait, selon la manière dont les équipes et plus généralement l'organisation le cultivent. Face aux dérives toujours possibles du don, les trois attitudes les plus fréquentes au sein du management sont :

• le déni (« ça n'arrive qu'aux autres ») ;
• la prise en compte contingente (« on est bien obligé ») ;
• ou encore une démarche résiliente (« plus jamais ça »).

Face à ces blocages systémiques, le choix de parler de « révolution du don » n'est pas à prendre à la légère. Prendre le don au sérieux dans le champ de la gestion implique en effet de révolutionner bien des certitudes que l'on croyait acquises, et de bouleverser toute une série de routines et de présupposés. Le recours au don constitue une révolution managériale. Non pas qu'il n'ait jamais existé. Mauss a dégagé sa dimension anthropologique et archaïque universelle. En ce sens, en y revenant nous réinventons la roue, mais en l'appliquant au champ du management, on rend visible la face cachée de la coopération et on met au jour les ressorts informels de l'efficience. Lier don et management constitue une révolution en ce que de nombreuses organisations, victimes du syndrome de la poule aux œufs d'or, ont été ou sont proches de tout perdre en voulant tout gagner. Pour s'en convaincre, passons brièvement en revue les sujets qui font l'actualité des organisations pour montrer à quel point le don y est central et apparaît parfois sous d'autres appellations ou de manière subliminale dans les réflexions qui les animent. En synthétisant celles-ci, on voit apparaître les sept péchés capitaux des organisations. Sept péchés contre le don et sept remèdes possibles (après confession et expiation, bien sûr) :

## 1. La *paresse* ou le don non valorisé, *i.e.* le fait de ne se fier qu'au projet économique, sans faire l'effort de prendre en compte et de valoriser le projet social

*Remède : don et capital immatériel*

Facteur d'innovation et de compétitivité pour l'entreprise, le capital immatériel contribue à la création de valeur. Le principe gestionnaire veut que l'on ne gère bien que ce que l'on sait mesurer. Sans tomber dans la « quantophrénie », ce désir vain et totalitaire de vouloir tout évaluer, il n'en demeure pas moins que les indicateurs de performance et notamment le fameux « ROI » sont parfaitement insuffisants pour rendre compte de tout le potentiel d'une entreprise et qu'il faut donc apprendre à évaluer également la valeur sociale ou le capital immatériel. Parmi les actifs clés immatériels, se retrouvent notamment le capital humain (compétences, motivation, climat social...), le capital actionnaire (compétences, gouvernance, relations aux équipes...), le capital client et fournisseur (rentabilité, récurrence des revenus, niveau de dépendance et de satisfaction...), les marques, brevets et différentes capacités d'innovation. La norme ISO 8000 ne tient compte par exemple que de l'efficacité du management, pas de son efficience. Selon Yosra Bejar[1], le capital immatériel se définit comme « tout input "non physique", source de revenus futurs, acquis accumulé ou créé par l'entreprise et intervenant d'une manière directe ou indirecte dans les activités productives. Ces inputs influent sur la valeur d'une entreprise sans qu'elle en soit totale-

1. Y. Bejar, « Améliorer la compétitivité des entreprises par le capital immatériel », Objectif Cash, 28 mai 2013.

ment propriétaire. Ils peuvent être créateurs de valeurs et à l'origine d'avantages durables (et de rentabilité à court ou long terme) comme ils peuvent être destructeurs de valeurs en cas de mauvaise exploitation ». Prendre en compte ce capital immatériel passe à la fois par le chiffrage et par le dialogue, même conflictuel avec les parties prenantes.

## 2. La *gourmandise* ou les gloutons du don, *i.e.* la financiarisation du projet industriel ou de service

*Remède : don et dette odieuse*

Alexander Nahum Sack[1] formalise cette doctrine : « Si un pouvoir despotique contracte une dette [...] pour fortifier son régime despotique et réprimer la population qui le combat, cette dette est odieuse pour la population de l'État. Elle n'est donc pas obligatoire pour la nation : c'est une dette de régime, dette personnelle du pouvoir qui l'a contractée ; par conséquent, elle tombe avec la chute du pouvoir. »

En va-t-il de même quand la financiarisation de certaines entreprises les déconnecte de leur projet industriel ou de service ? Ingénierie financière et fiscale, fusions – acquisitions, rachats d'actions..., de plus en plus d'entreprises s'enferment dans une vision court-termiste consistant à maximiser leur valeur boursière pour distribuer suffisamment de dividendes aux actionnaires qui exigent une rentabilité annuelle permettant de rentabiliser un rachat en trois à sept ans au maximum, voire à rembourser par

1. S. Dubas, « Cuba, ou quand la dette devient odieuse », *Le Monde*, 18 août 2012.

tous moyens une dette odieuse contractée dans certains montages tels que les LBO (réduction des effectifs, compression des investissements, délocalisation, démantèlement des actifs…). Alors que l'épargnant traditionnel investissait dans un projet industriel dont il suivait de près l'activité de production, il a été remplacé par un agent anonyme dont l'épargne est collectée par des investisseurs institutionnels (fonds de pension, SICAV, compagnie d'assurances, *hedge funds*) qui spéculent sur l'évolution du cours d'un indice boursier, d'un panier de monnaie ou de matières premières, à la recherche d'une plus-value immédiate. L'économie se dématérialise ainsi de plus en plus et le *trader*, lorsqu'il fond sur sa proie, n'a pas plus de visage que sa victime, ce qui fait dire à Joseph Stiglitz[1] que « les chiffres du chômage ne sont que des statistiques, le décompte des cadavres, les dommages collatéraux non voulus mais inévitables. Traiter ces chiffres de la sorte leur permet d'estomper l'impact humain de leur combat ».

### 3. L'*avarice* ou les radins du contre-don, quand l'entreprise se dit « après moi le déluge » !

*Remède : don et RSE*

Mauss reprend en conclusion ce proverbe maori : « Donne autant que tu prends, tout sera très bien. » Dans les tribus qui subsistent encore, les chasseurs comme les cueilleurs rendent une partie de ce qu'ils ont prélevé à la nature. Comment ne pas porter atteinte aux autres formes de vie terrestre et préserver les ressources naturelles pour

1. J. E. Stiglitz, *Quand le capitalisme perd la tête*, P. Chemla (trad.), Paris, Fayard, 2003, p. 356 (*The Roaring Nineties,* 2003).

les générations futures ? Jean-Baptiste Victor Coquille[1] rappelle que « les ordres religieux ont, les premiers, appliqué les lois de la production, en créant la perpétuité des domaines et en variant les cultures. Il faut plutôt les louer d'avoir conservé les forêts en n'en défrichant que des portions indispensables. Ils savaient que les forêts sont la réserve de l'avenir et qu'elles exercent une heureuse influence sur la température ; aussi sont-ils remarquables pour avoir conservé les forêts et reboisé les montagnes… ».

Quand l'entreprise profite de son environnement, qu'est-ce qu'il est juste qu'elle rende pour le préserver ? Kofi Annan écrit : « *The farmers knows instinctivly that if you take something from the earth today, you have to put something back to be able to retain to have this tomorrow*[2]. » L'entreprise socialement responsable entend intégrer à l'ensemble de ses activités et de ses interactions avec le monde extérieur des enjeux de développement durable. Trop souvent, cette intégration de l'Autre dans la lecture que l'on a de son activité se résume à des déclarations d'intention déconnectées de la réalité du terrain, ce qui provoque une perte d'adhésion au projet collectif de la part des collaborateurs en interne et une dissonance en externe. Être socialement responsable passe par un engagement collectif vis-à-vis de l'ensemble des parties prenantes en congruence avec des valeurs et une vision partagée[3].

1. J.-B.-V. Coquille, *La Coutume*, Paris, Librairie Victor Lecoffre, 1891.

2. http://www.youtube.com/watch?v=n4ILV4IL-PA

3. Dans leur étude (« The impact of a corporate culture of sustainability on corporate behavioral behavior and performance », *Harvard Business School Working Paper*) menée auprès de 180 entreprises sur l'impact de leurs politiques de RSE, R. Eckkles et G. Serafeim montrent que celles qui s'y engagent résolument, en y croyant et en mobilisant leurs employés dans une réflexion en profondeur sur ce

### 4. La *colère* : quand le don est empêché, ceux qui s'adonnent le plus au travail peuvent être ceux qui en souffrent le plus. Avec deux issues possibles : la dépression ou la colère. Colère vient de *ira* en latin, c'est ce qui produit des excès en paroles ou en actes

*Remède : don et qualité de vie au travail – les risques psychosociaux (RPS)*

Le débat autour des risques psychosociaux remet en question certaines méthodes de management et d'organisation du travail. Il convient de ne pas sous-estimer l'existence du problème des RPS sans pour autant le transformer en sujet anxiogène, afin que son appréhension n'amplifie pas les troubles associés. La dimension subjective du bien-être au travail est indissolublement liée au travail bien fait et à la possibilité d'en débattre avec ses pairs. Pour replacer l'homme au cœur du dessein de l'entreprise, il s'agit de préserver l'adonnement, cet indispensable ciment de l'organisation[1]. Quand les salariés s'adonnent à la tâche,

---

qu'il faut repenser de leurs activités, obtiennent d'excellents résultats à long terme, ne serait-ce que parce que cela renforce leur bonne réputation et facilite leur accès aux capitaux nécessaires (J. Battilana, « Le cercle vertueux de la responsabilité sociale », *Le Monde*, 11 juillet 2013). On retrouve ici une variante du paradoxe de D. Carnegie sur la rentabilité des amis. Pour que la RSE soit payante, il faut la valoriser pour elle-même.

1. « Parmi les milliers de facteurs de risque analysés, l'ensemble des études *Whitehall* montre que c'est le sentiment de ne pas avoir d'autonomie et de contrôle sur son travail qui constitue le facteur le plus important de mauvaise santé », écrivent Y. Algan, P. Cahuc et A. Zylberberg dans *La Fabrique de la défiance... et comment s'en*

qu'est-ce qu'ils reçoivent en contre-don ? Le manager se trouve sur une ligne de crête, tiraillé entre ce qui lui est demandé (management formel) et ce que lui donne son équipe (management informel pour l'essentiel). Il s'agit de repérer dans cet adonnement au travail la véritable source de l'efficience, tout en s'assurant que cette mobilisation est en adéquation avec la performance dont le manager doit rendre compte. Toute la richesse du management se joue dans la capacité à réengendrer ainsi jour après jour le cercle vertueux de la coopération au sein de l'équipe et du travail pris à cœur. « Le problème des organisations ne consiste pas à “mobiliser les salariés”, mais à tirer parti de leur volonté de donner », écrit Norbert Alter.

> « Le problème de santé n'est pas un problème de la médecine du travail, c'est un problème de management. »
>
> Henri LACHMANN[1].

## 5. La *luxure*, ou l'impureté, quand le don est stérilisé, *i.e.* transformé en règles

*Remède : don, confiance et gouvernance*

Pour reprendre les propos d'Isaac Getz[2], les entreprises hiérarchiques, bureaucratiques ont la conviction « qu'il faut contrôler les salariés et leur dire comment faire leur travail ». Or les règles et procédures qui en découlent ne

*sortir*, p. 95-96, Paris, Albin Michel, 2012. Les études *Whitehall* sont consultables sur le site www.ucl.uk/whitehallIII/.

1. La santé au travail, « Un problème de management », *Libération*, 18 février 2010.

2. I. Getz et B. M. Carney, *Liberté & Cie*, *op. cit,* p. 45 et p. 368.

concernent selon lui que les 3 % des salariés qui « n'ont pas envie de travailler ni d'apprendre grand-chose ». Les entreprises qui font au contraire le pari de la confiance et misent sur le don ont pu se libérer par exemple des organigrammes, abolir les privilèges (parkings réservés, bureaux spacieux et autres signes de pouvoir), faire disparaître les pointeuses, laisser aux salariés la possibilité de fixer leurs propres emplois du temps, voire leurs propres objectifs, ou encore le contenu de leur poste (et les salaires associés), les intégrer dans les structures de gouvernance, réduire les échelons hiérarchiques et permettre aux équipes de se choisir leurs leaders…

> « La confiance est le ciment invisible qui conduit une équipe à gagner. »
>
> Bud WILKINSON[1]

### 6. *Orgueil* : quand le don est exclusif et refermé sur lui-même, *i.e.* qu'il conforte l'idée qu'on pourrait se suffire à soi-même sans se confronter aux autres

*Remède : don, diversité et égalité des chances*

Les préjugés sur les âges, les cultures ou les sexes peuvent conduire à favoriser outre mesure un interlocuteur perçu comme faisant partie de notre groupe d'appartenance et à prendre nos distances avec celui faisant partie d'un autre groupe car perçu comme très différent. Pourtant, le maintien de la vie d'une organisation passe par son renouvellement et la diversité de ses composantes. C'est son

1. Cité par J.-M. Peretti (dir.), *Tous leaders : Faire de chaque collaborateur un authentique leader*, Eyrolles, 2011.

« assurance-vie » pour innover, échapper à la pensée unique et rebondir en cas de crise. S'ouvrir à l'altérité, approcher toujours plus d'une réalité plurielle permet de progresser dans la découverte de soi et la complexité du monde. La vie terrestre nécessite une biodiversité pour son maintien et il en va de même des organisations. L'ouverture à la diversité sociale et culturelle permet une sociodiversité, une chaîne du don qui nourrit le projet d'entreprise et lui permet de s'adapter aux contraintes extérieures.

### 7. *L'envie* ou le désir de l'appropriation et les limites de l'avoir

*Remède : don, convivialisme et vivre-ensemble*

C'est parce qu'il existe un plaisir de donner et de se lier aux autres qu'il est possible et souhaitable de développer un management par le don, qui est aussi un management par la reconnaissance. Mais don et reconnaissance sont à manier avec prudence. C'est parce que nous recherchons avant tout la reconnaissance que nous sommes aussi enclins à la démesure, à l'*hubris* et, corrélativement, à l'envie. C'est contre cette *hubris* qui produit désormais des ravages à l'échelle mondiale que s'élève le *Manifeste convivialiste* qui est en train d'esquisser une sorte d'internationale des intellectuels contre l'hubris (www.lesconvivialistes.fr). « L'humanité a su accomplir des progrès techniques et scientifiques foudroyants, mais elle reste toujours aussi impuissante à résoudre son problème essentiel : comment gérer la rivalité et la violence entre les êtres humains ? Comment les inciter à coopérer tout en leur permettant de s'opposer sans se massacrer ? »[1].

1. *Manifeste convivialiste* (signé par 64 auteurs), Paris, Le Bord de l'eau, juin 2013.

Dans les organisations, on l'a vu, c'est ce désir de toute-puissance qui conduit à tout perdre en voulant tout gagner. Tout perdre, c'est l'effet de ce que les Grecs appelaient la *nemesis*, la sanction de l'*hubris*.

Le pire poison qui peut attaquer les organisations en apparence les plus solides est l'envie[1]. Ou encore la jalousie ou le ressentiment qui explosent dès que l'*hubris* apparaît quelque part. Le seul remède est de reconnaître les dons des uns et des autres à leur juste mesure. Si faire se peut…

> « Il n'y a pas de maîtrise à la fois plus grande et plus humble que celle que l'on exerce sur soi »
>
> Léonard DE VINCI[2].

1. E. Pulcini, *L'Envie. Essai sur une passion triste*, Paris, Le Bord de l'eau, 2013.

2. Cité par R. Green, *Atteindre l'excellence*, éd. À contre courant, 2014.

# *Bibliographie*

George A. AKERLOF, « Labor contracts as partial gift exchange », *in* G. Akerlof, *An Economic Theorist's Book of Tales*, Cambridge University Press, 1984.

Lara B. AKNIN, J. Kiley HAMLIN, Elizabeth W. DUNN, « Giving leads to happiness in young children », PLoS ONE 7(6) : e39211. doi : 10.1371/journal.pone.0039211, 14 juin 2012.

Lara B. AKNIN, Gillian M. SANDSTROM, Elizabeth W. DUNN et Michael NORTON, « It's the recipient that counts : spending money on strong social ties leads to greater happiness than spending on weak social ties », PLoS ONE 6(2): e17018. doi : 10.1371/journal.pone.0017018, 10 février 2011.

Yann ALGAN, Pierre CAHUC et André ZYLBERBERG, *La Fabrique de la défiance... et comment s'en sortir,* Paris, Albin Michel, 2012.

Norbert ALTER, *Donner et prendre. La coopération en entreprise*, Paris, La Découverte/MAUSS, 2009 ; Poche/La Découverte, 2011.

Dan ARIELY, Uri GNEEZY, George LOWENSTEIN, Nina MAZAR, « Lare stakes and big mistakes », *Federal Reserve Bank of Boston Working Paper*, n° 5-11, 23 juillet 2005.

Robert AXELROD, *Comment réussir dans un monde d'égoïstes : théorie du comportement coopératif,* Paris, Odile Jacob, 2006.

Linda BABCOCK et Sara LASCHEVER, *Women Don't Ask : The High Cost of Avoiding Negotiation*, New York, Bantam, 2009.

Paul BABIAK et Robert D. HARE, « One in 25 business leaders may be a psychopath, study finds », *The Guardian,* 1er septembre 2011.

Georges BATAILLE, *La Part maudite,* précédé de *La Notion de dépense*, Paris, éd. de Minuit, 1967 (1949).

Julie BATTILANA, « Le cercle vertueux de la responsabilité sociale », *Le Monde*, 11 juillet 2013.

Maya BEAUVALLET, *Les Stratégies absurdes. Comment faire pire en croyant faire mieux*, Paris, éd. du Seuil, 2009.

Benjamin BENOÎT, « Le nouveau campus d'Apple coûtera 5 milliards de dollars », *Le Figaro*, 5 avril 2013.

Antoine BEVORT et Michel LALLEMENT (sous la dir. de), *Le Capital social. Performance, équité et réciprocité*, Paris, La Découverte/MAUSS, 2006.

Iván BÖSZÖRMÉNYI-NAGY et Barbara KRASNER, « La confiance comme base thérapeutique : la méthode contextuelle », *Dialogue*, n° 11, p. 3-20, 1991.

Pierre BOURDIEU, « La fabrique de l'habitus économique », *Actes de la recherche en sciences sociales*, n° 150, décembre 2003.

Katrina BROOKER, « The chairman of the board looks back », *Fortune*, n° 62, 28 mai 2001.

James A. C. BROWN, *The Social Psychology of Industry. Human Relations in the Factory*, Londres, Penguin Books, 1964 (1954).

Jean-Pierre BRUN et Ninon DUGAS, *La Reconnaissance au travail : une pratique riche de sens*, Centre d'expertise en gestion des ressources humaines, Québec, octobre 2002.

Alain CAILLÉ, *Critique de la raison utilitaire*, Paris, La Découverte, 1989 (2003).

– *L'esprit du don* (en collaboration avec J. Godbout), Paris, La Découverte, 1992.

– *Don, intérêt et désintéressement. Bourdieu, Mauss, Platon et quelques autres*, Paris, La Découverte, 1994 (rééd. 2005 et 2014, Paris, Le Bord de l'eau).

– *Anthropologie du don – Le tiers paradigme*, Paris, Desclée de Brouwer, 2000 (2007).

– (sous la dir. de), *La Quête de reconnaissance. Nouveau phénomène social total*, Paris, La Découverte, 2006.

– *Pour un manifeste du convivialisme*, Paris, Le Bord de l'eau, 2011.

– *L'Idée même de richesse*, Paris, La Découverte, 2012.

– *Manifeste convivialiste. Déclaration d'interdépendance* (avec 63 autres auteurs), Paris, Le Bord de l'eau, juin 2013.

Roger CAILLOIS, *Les Jeux et les hommes,* Paris, Gallimard, 1957.

Axel CAPRILES, « Pouvoir et infériorité psychopathique », *Les Cahiers jungiens de psychanalyse,* n° 131, septembre 2010. Accessible en ligne : Axel Capriles, « Pouvoir et infériorité psychopathique », *Revue du MAUSS permanente*, 14 décembre 2010, http://www.journaldumauss.net/spip.php?article749

Dale CARNEGIE, *How to Win Friends and Influence People*, 1932 (1re éd.).

Philippe CHANIAL, *La Sociologie comme philosophie politique, et réciproquement,* Paris, La Découverte, 2011.

Yves CLOT, *Le travail à cœur. Pour en finir avec les risques psychosociaux*, Paris, La Découverte, 2010.

Ronald COASE, *Le Coût du droit*, PUF, Paris, 2000.

Daniel COHEN, *Homo Œconomicus, prophète égaré des temps modernes*, Paris, Albin Michel, 2012.

Jean-Baptiste-Victor COQUILLE, *La Coutume*, Paris, Librairie Victor Lecoffre, 1891.

Pierre CORNEILLE, *Le Menteur*, 1644.

Gérard CORNU, *Vocabulaire juridique*, Association Henri-Capitant, Paris, PUF, 1987.

Mark CROWLEY, « Not a happy accident : how Google deliberately designs workplace satisfaction », *Fast Company*, 21 mars 2013.

Michel CROZIER, *Le Phénomène bureaucratique*, Paris, éd. du Seuil, 1963.

Michel CROZIER et Ehrard FRIEDBERG, *L'Acteur et le système*, Paris, éd. du Seuil, 1977.

Jared R. CURHAN et Alex PENTLAND, « Thin slices of negotiation : predicting outcomes from conversational dynamics within the first 5 minutes », *Journal of Applied Psychology*, 2007, vol. 92, n° 3.

François Cusset, *French Theory. Foucault, Derrida, Deleuze & Cie et les mutations de la vie intellectuelle aux États-Unis*, Paris, La Découverte, 2003.

Robert Dahl, « The concept of power », *Behavorial Science*, vol. 2, n° 3, juillet 1957.

Edward L. Deci, « Effects of externally mediated rewards on intrinsic motivation », *Journal of Personal and Social Psychology*, n° 18 (1971), p. 114.

Sandra Déprez et Nathalie Wach, « Créations et créateurs d'entreprises – Enquête de 2007 : la génération de 2002 cinq ans après », *Insee Résultats*, série « Économie » n° 39, janvier 2009.

Sébastien Dubas, « Cuba, ou quand la dette devient odieuse », *Le Monde*, 18 août 2012.

Hyacinthe Dubreuil, *La République industrielle*, Paris, Bibliothèque d'éducation, 1924.

–, *Si tu aimes la liberté,* Paris, Nouvelles Éditions latines, 1962.

Élisabeth Dunn et Michael Norton, *Happy Money : The Science of Smarter Spending*, New York, Simon & Schuster, 2013.

François Dupuy, *Lost in Management. La vie quotidienne des entreprises au XXI^e siècle*, Paris, éd. du Seuil, 2011.

– « Rétablir la confiance et l'engagement », *Le Monde,* Eco&Entreprise, 13 novembre 2012.

Émile Durkheim, *De la division du travail social*, 1893.

Robert Eccles et George Serafeim, « The impact of a corporate culture of sustainability on corporate behavioral behavior and performance », *Harvard Business School Working Paper.*

Sally Falk Moore, *Social Facts and Fabrications, « customary » law on Kilimanjaro*, 1880-1980, Cambridge, Cambridge University Press, 1986.

Fortuné Barthélemy de Félice, « Négociation », réédité sous la direction d'Alain Lempereur, Cergy, ESSEC Iréné, 2003 (extrait de la notice du volume XXX, p. 176-196 de

*L'Encyclopédie ou dictionnaire raisonné des connaissances humaines,* publié en 1770-1778).

François FLAHAULT, *Le Sentiment d'exister : ce soi qui ne va pas de soi*, Paris, Descartes & Cie, 2002.

Mary Parker FOLLETT, *Diriger au-delà du conflit*, Paris, Village mondial, 2002.

Marcel FOURNIER, *Marcel Mauss*, Paris, Fayard, 1994.

Bruno FREY et Lorenz GOETTE, « Does pay motivate volunteers ? », *Working Papers Series*, n° 7, Institute for Empirical Resarch in Economics, University of Zurich, 1999.

Ehrard FRIEDBERG, *Le Pouvoir et la règle. Dynamiques de l'action organisée*, Paris, éd. du Seuil, 1993.

Georges FRIEDMANN, *Problèmes humains du machinisme industriel*, Paris, Gallimard, 1946.

« Gallup study : feeling good matters in the workplace », *The Gallup Management Journal,* http://businessjournal.gallup.com.

Vincent de GAULEJAC, *Travail, les raisons de la colère*, Paris, éd. du Seuil, 2011.

Jacques GÉNÉREUX, *Les Vraies Lois de l'économie*, Paris, éd. du Seuil, 2005.

Isaac GETZ et Brian M. CARNEY, *Liberté & Cie. Quand la liberté des salariés fait le succès des entreprises*, Paris, Flammarion, 2013.

René GIRARD, *Le Bouc émissaire*, Paris, Grasset, 1982.

John Hoffer GITTELL, Kim CAMERON, Sandy LIM et Victor RIVAS, « Relationships, layoffs, and organizational resilience : Airline industry responses to September 11 », *The Journal of Applied Behavioral Science*, n° 42 (3), 2006, p. 300-329.

Jacques T. GODBOUT (avec A. Caillé), *L'Esprit du don*, Paris, La Découverte, 1992.

Jacques T. GODBOUT, *Ce qui circule entre nous. Donner et recevoir*, Paris, éd. du Seuil, 2007.

– *Le Don, la dette et l'identité,* Paris, Le Bord de l'eau, 2013 (2000).

Alvin W. Gouldner, *Patterns of Industrial Bureaucracy*, New York, Free Press, 1954.

Uri Gneezy et Aldo Rustinichini, « Pay enough or don't pay at all », *The Quarterly Journal of Economics*, vol. 115, 3, 2000, p. 791-781.

Robert K. Greenleaf, *Servant Leadership*, Mahwah, NJ, Paulist Press, 1977.

Jean-Édouard Grésy, *Gérer les ingérables. L'art et la science de la négociation au service de relations durables,* Issy-les-Moulineaux, ESF Éditeur, 2009 (2012).

– *Gérer les risques psychosociaux. Performance et qualité de vie au travail* (en collaboration avec R. Pérez Nückel et P. Emont), Issy-les-Moulineaux, ESF Éditeur, 2012 (2013).

Jonathan Haidt, *Hypothèse du bonheur : la redécouverte de la sagesse ancienne dans la science contemporaine*, Paris, Mardaga, 2010.

Roberte Hamayon, *Jouer. Une étude anthropologique à partir d'exemples sibériens*, Paris, La Découverte/MAUSS, 2012.

Gary Hamel, *La Fin du management. Inventer les règles de demain*, Paris, Vuibert, 2007.

Hervé Hamon, *Ceux d'en haut. Une saison chez les décideurs*, Paris, éd. du Seuil, 2013.

Daniel S. Hamermesh, *Beauty Pays : Why Attractive People Are More Successful,* Princeton, Princeton University Press, 2011.

G. W. Hegel, *La Phénoménologie de l'esprit*, 1807.

Axel Honneth, *La Lutte pour la reconnaissance*, Paris, éd. du Cerf, 2000 (1992).

Tony Hsieh, *L'Entreprise du bonheur*, Paris, Leduc.s Éditions, 2011.

Jon Huizinga, *Homo ludens*, Paris, Gallimard, 1951 (1938).

Ahmet Insel, « L'enchâssement problématique du don dans la théorie économique néoclassique », *La Revue du MAUSS trimestrielle*, n° 12, 3e trimestre 1991.

Philippe d'IRIBARNE, *La Logique de l'honneur,* Paris, éd. du Seuil, 1989.

René-Vincent JOULE et Jean-Léon BEAUVOIS, *Petit Traité de manipulation à l'usage des honnêtes gens*, Grenoble, Presses universitaires de Grenoble, 1987.

–, *La Soumission librement consentie,* Paris, PUF, 1998.

Timothy A. JUDGE, Beth A. LIVINGSTON et Charlice HURST, « Do nice guys – and gals – really finish last ? The joint effects of sex and agreeableness on income », *Journal of Personality and Social Psychology*, vol. 102(2), février 2012.

François JULLIEN, *Traité de l'efficacité,* Paris, Grasset, 1996.

Alexandre KOJÈVE, *Introduction à la lecture de Hegel*, Paris, Gallimard, 1947.

Rasipuram KRISHNASWAMI NARAYANASWAMI, *Le Guide*, Paris, Belfond, 1990.

Christine LAGOUTTE, « Les universités d'entreprise ont le vent en poupe », *Le Figaro*, 8 avril 2012.

Christophe LAVAL, *Livre blanc. Enjeux et perspectives de la reconnaissance au travail*, Paris, VPHR, nov. 2013.

Claude LEFORT, *Le Travail de l'œuvre Machiavel*, Paris, Gallimard, « Bibliothèque de philosophie », 1972.

Claude LÉVI-STRAUSS, « Introduction à l'œuvre de Marcel Mauss » *in* Marcel Mauss, *Sociologie et anthropologie*, Paris, PUF, 2001 (9e éd.).

– *L'identité*, Paris, Grasset, 1977.

– *Tristes Tropiques,* Paris, Plon, « Terre Humaine Poche », 2001 (1955).

Danièle LINHART, *Travailler sans les autres ?,* Paris, éd. du Seuil, 2009.

Corinne MAIER, *Bonjour paresse. De l'art et la nécessité d'en faire le moins possible en entreprise*, Paris, Michalon, 2004.

Bronislaw MALINOWSKI, *Les Argonautes du Pacifique occidental*, Paris, Gallimard, 1963 (1922).

– *Manifeste convivialiste. Déclaration d'interdépendance* (signé par 65 auteurs), Paris, Le Bord de l'eau, juin 2013.

Octave MANNONI, *Psychologie de la colonisation*, Paris, éd. du Seuil, 1951.

James MARCH et Herbert SIMON, *Les Organisations. Problèmes psychosociologiques*, Paris, Dunod, 1999 (1958).

Marcel MAUSS, *Essai sur le don*, 1925.

Henry MINTZBERG, « Misère du management », *La Revue du MAUSS semestrielle*, n° 33, 1er semestre 2009, Paris, La Découverte.

Edgar MORIN, « Épistémologie de la complexité », dans *Échanges avec Edgar Morin. Science et conscience de la complexité*, sous la dir. de Christian ATIAS et Jean-Louis LE MOIGNE, Aix-en-Provence, Librairie de l'Université, 1984.

– *Dialogue sur la connaissance,* Paris, éd. de l'Aube, 2002.

– *Introduction à la pensée complexe*, Paris, éd. du Seuil, 2005.

Marc MOUSLI, « Management : quand les gourous se gourent », *Alternatives économiques,* n° 327, septembre 2013.

Richard NAIMARK, Ricardo PÉREZ NÜCKEL, Isabelle VAUGON et Vincent de WITT, *Vers un management optimisé des litiges*, enquête FIDAL-AAA, 2009.

Sandy OGG, « Making the most of your workforce investment. Driving high performance through human resources business process outsourcing », brochure de présentation *Accenture* de l'offre Externalisation de la fonction RH.

Taiichi ŌNO, *L'Esprit Toyota*, Paris, Masson, 1989.

Thomas PETERS et Robert WATERMAN, *Le Prix de l'excellence,* Paris, Interéditions, 1982.

Dan PINK, *La Vérité sur ce qui nous motive,* Paris, Leduc.s Éditions, 2011.

Thomas PHILIPPON, *Le Capitalisme d'héritiers. La crise française du travail*, Paris, éd. du Seuil, 2007.

Karl POLANYI, *La Grande Transformation*, Paris, Gallimard, 1983 (1944).

Jean-Daniel REYNAUD, « Les régulations dans les organisations : régulation de contrôle et régulation autonome », *Revue française de sociologie*, vol. 29, n° 29, 1988.

Matthieu RICARD, *Plaidoyer pour l'altruisme. La force de la bienveillance*, Paris, NIL, 2013.

Paul RICŒUR, *La Critique et la conviction (Entretiens)*, Paris, Calmann-Lévy, 1995.

Jean-Jacques ROUSSEAU, *Émile ou De l'éducation, 1762.*

Gabrielle RUBIN, *Pourquoi on en veut aux gens qui nous font du bien : la haine de la dette*, Paris, Payot, 2006.

Richard M. RYAN et Edward L. DECI, « Self-determination theory and the facilitation of intrinsic motivation, social development and well-being », *American Psychologist*, n° 55, janvier 2000.

Nathalie SARRAUTE, *Pour un oui ou pour un non*, Paris, Gallimard, 1982.

Blanche SEGRESTIN et Armand HATCHUEL, *Refonder l'entreprise*, Paris, éd. du Seuil, « La République des idées », 2012.

Ricardo SEMLER, *The Seven Day Weekend : Changing the Way Work Works*, Londres, Century, 2003.

Herbert SIMON, « Commentaries on previous papers », *in* DEMAILLY A. et LE MOIGNE J.-L. (éd.), *Sciences de l'intelligence, sciences de l'artificiel*, Lyon, Presses universitaires de Lyon, 1986, p. 577-611.

Simon O. SINEK, *Start With Why : How Great Leaders Inspire Everyone to Take Action*, New York, Portfolio Hardcover, 2009.

Adam SMITH, *La Richesse des nations*, 1776.

Antoine SOLOM, « Baromètre du bien-être et de la motivation », Accor Services/Ipsos, juin 2007.

Andre SPICER et Mats ALVESSON, « A stupidity-based theory of organizations », *Journal of Management Studies*, vol. 49, novembre 2012.

Joseph E. STIGLITZ, *Quand le capitalisme perd la tête*, Paris, Fayard, 2003.

Thomas STRAUB, *Reasons for Frequent Failure in Mergers and Acquisitions – A Comprehensive Analysis*, Deutscher Universitäts Verlag, Gabler Wissenschaft, 2007.

Camille TAROT, *Sociologie et anthropologie de Marcel Mauss*, Paris, La Découverte/Repères, 2003.

Michael J. TEWS, John W. MICHEL et Kathryn STAFFORD, « Does fun pay ? The impact of workplace fun on employee turnover and performance », *Cornell Hospitality Quarterly*, novembre 2013, n° 54, p. 370-382.

Imane TRARI, « Déléguer les RH, ça paie ! », *Les Échos*, le 12 octobre 2011.

Bruno TRENTIN, *La Cité du travail. La gauche et la crise du fordisme*, Paris, Fayard, « Poids et mesures du monde », 2012 (préface d'Alain Supiot).

Laurence VANHÉE, *Happy RH,* La Charte, 2013.

François VATIN, *L'Espérance-monde. Essai sur l'idée de progrès à l'heure de la mondialisation*, Paris, Albin Michel, 2012.

Frans de WAAL, *Le Singe en nous*, Paris, Fayard, 2005.

– *L'Âge de l'empathie*, Paris, Les Liens qui libèrent, 2010.

Paul WATZLAWICK, *Faites vous-même votre malheur,* Paris, éd. du Seuil, 1983.

Annette B. WEINER, *La Richesse des femmes ou comment l'esprit vient aux hommes*, Paris, éd. du Seuil, 1983.

Richard WISEMAN, *Notre capital chance. Apprendre à l'évaluer et à le développer*, Paris, JC Lattès, 2003.

Jean-François ZOBRIST, *La Belle Histoire de Favi : l'entreprise qui croit que l'homme est bon*, Lulu.com, 2007 (tomes 1 et 2).

– *Le Petit Patron naïf et paresseux* et *Comment un petit patron... innove*, Thionville, Stratégie & Avenir/Dialogique.

# *Table*

DEUXIÈME PARTIE
## Le don : une valse à quatre temps

TROISIÈME PARTIE

## Les ressorts du don dans les organisations

# Des mêmes auteurs

ALAIN CAILLÉ, notamment

Critique de la raison utilitaire
*La Découverte, 1989, 2003*

L'Esprit du don
*(en collaboration avec J. Godbout)*
*La Découverte, 1992, 2007*

Don, intérêt et désintéressement
Bourdieu, Mauss, Platon et quelques autres
*La Découverte, 1994, nouvelle éd. 2005*
*Le Bord de l'eau, 2014*

Anthropologie du don
Le tiers paradigme
*Desclée de Brouwer, 2000*
*La Découverte, 2007*

La Quête de reconnaissance
Nouveau phénomène social total
*(sous la direction de)*
*La Découverte, 2007*

Théorie anti-utilitariste de l'action
Fragments d'une sociologie générale
*La Découverte, 2009*

Pour un manifeste du convivialisme
*Le Bord de l'eau, 2011*

Anti-utilitarisme et paradigme du don
Pourquoi ?
*Le Bord de l'eau, 2014*

La Sociologie malgré tout

Autres fragments d'une sociologie générale

*Presses universitaires de Paris Ouest, 2015*

Le Convivialisme en dix questions

Un nouvel imaginaire politique

*Le Bord de l'eau, 2015*

Pour une nouvelle sociologie classique

*(en collaboration avec Frédéric Vandenberghe)*

*Le Bord de l'eau, 2016*

Redignez-vous !

Journal de l'après 13 novembre

*Le Bord de l'eau, 2016*

JEAN-ÉDOUARD GRÉSY

Guide d'évaluation de l'utilité sociale de la médiation sociale

*(en collaboration avec H. Duclos)*

*Les Éditions du SGCIV, 2003*

Gérer les ingérables

L'art et la science de la négociation au service de relations durables

*ESF Éditeur, 2009*

*nouvelle éd. enrichie, 2015*

Gérer les risques psychosociaux

Performance et qualité de vie au travail

*(en collaboration avec R. Pérez Nückel et P. Emont)*

*ESF Éditeur, 2012, 2016*

Gérer les personnalités toxiques
*(en collaboration avec D. Barrais)*
*ESF Éditeur, 2015*

Traiter les risques psychosociaux en institution sociale
Veiller aux bonnes conditions de travail, déminer les tensions, adopter un plan de gestion des RPS
*(en collaboration avec R. Pérez Nückel et P. Emont)*
*ESF Éditeur, 2015*

RÉALISATION : NORD COMPO À VILLENEUVE-D'ASCQ
IMPRESSION : NORMANDIE ROTO IMPRESSION S.A.S À LONRAI
DÉPÔT LÉGAL : OCTOBRE 2017. N°137724 (1702827)
IMPRIMÉ EN FRANCE